대한민국 대통령 정신검증 매뉴얼

지도자의 자격

Leadership, Certified

지도자의 자격

대한민국 대통령 정신검증 매뉴얼

최성환
Dr. Sunghwan Choi

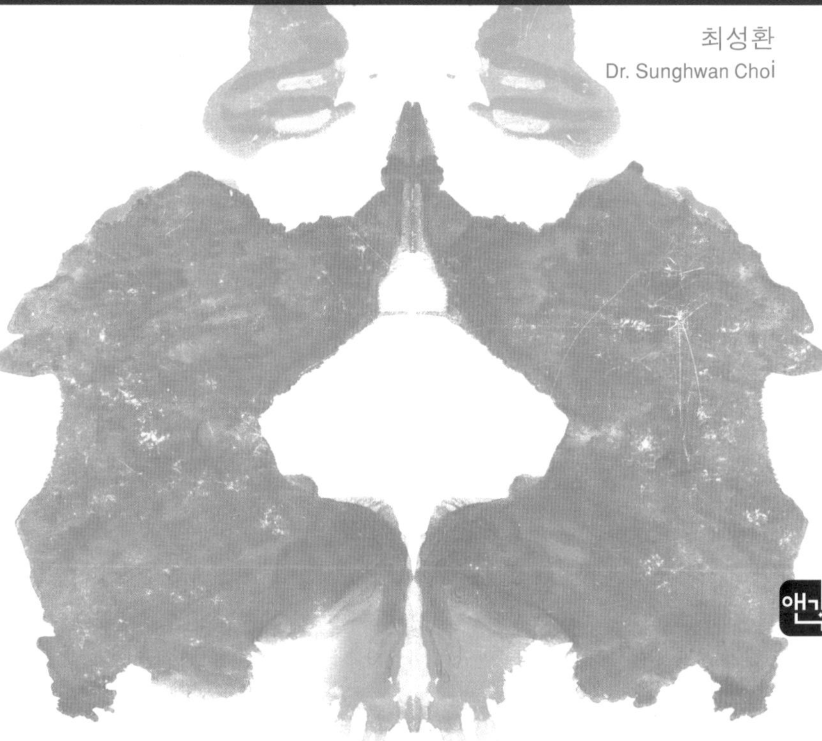

앤길

그놈이 그놈이라는 무책임한 말

지도자들이 썩었다고 생각하는가?

민주주의의 지도자가 어디에서 나오는가? 엘리트 귀족 계층인 아토크라시aristocracy 계급에서 나오던가?

아니다. 평범한 시민인 우리 중에서 나오는 것이다.

우리는 현재 민주주의 국가의 국민으로 살고 있는가? 그렇다면 정치가들만 썩었고 나머지 국민은 깨끗한 것인가?

정치인들은 모두 죄인이라고 생각하는가? 요즘 '공직자 무원죄론公職者 無原罪論'이라는 신종용어가 언급되곤 한다. 혹은 '무결점론無缺點論'이라고도 한다. 앞으로 공직자가 되기 위해서는 태어날 때부터 임명될 때까지 전혀 결점이 없어야 한다는 말이다.

'털어서 먼지 안날 놈 없다'라는 속담에 전적으로 배치背馳되는 현상이다. 이것이 과연 가능할까? 하지만 여기서 말하는 공직자는 임명직을 두고 하는 말이지 선출직 공무원들은 여기에서 상당히 자유로운 입장에 서있다고 본다.

대한민국에는 인사청문회[1]라는 제도가 있다. 대통령이 행정부의 고위공직자를 임명할 때, 입법부인 국회의 검증절차를 거치게 함으로써 행정부를 견제하는 자리이다. 단지 선거를 통해 선출되었다는 특권같은 명분 하나로, 자신들은 학력, 경력, 재산, 병역, 납세실적과 전과기록만 공개한 채, 임명직 공직자들에게는 위장전입, 다운계약서 작성, 논문표절, 특정업무에 대한 경비, 업무추진비, 관용차의 사적인 이용, 부동산 투기여부 등 세세한 부분까지 투명성을 요구한다.

똥 묻은 개가 겨 묻은 개 나무라는 격이다. 하지만 모르고 임명했느냐고 대통령만 나무랄 것이 아니다. 모르고 뽑은 국민도 책임이 있다. 지금 대한민국에는 이것 때문에 촛불과 깃발이 엇갈려 서 있다.

우리가 썩었고 우매하며 죄인임을 먼저 인정하자. 겸손하게 우리 모두가 일단은 죄인임을 먼저 인정하면, 지도자가 되겠다는 사람들도 크게 반성할 것이요, 그 결과로 우리는 선한 지도자를 얻게 될지도 모른다.

'수평사회'라는 표현은 요즘 정치지도자들과 후보들의 입에서 자주 나오는 말이다. 무엇이 수평사회이고 무엇이 수직사회인가? 귀족계급이 사라진 지금도 수직적 개념을 뜻하는 '이미 계급적 측면에서 확립된 자들Established[2]'이 자신들만 위로 오르고 나서 차버리는 사다리와 특정약자 계층의 수직 상승을 보이지 않게 차단하는 유리천장glass ceiling[3] 등의 수직적 상황은 사라지지 않고 계속되고 있다.

윗물이 맑아야 아랫물이 맑다고 하지만, 아래로 부터의 돌이킴이 정말 중요한 과정 같다. 뿌리가 썩으면 나무가 죽는다는 진리가 엄연히 존재한다. 게다가 수평사회라는 것이 마냥 좋은 것만은 아니다. 인간이 중력을 이기면서 살아가듯이 세상은 수직적 운동력인

중력과 인력의 영향을 받고 있다. 축구 경기에서 볼을 아무리 하프라인에서만 능숙하게 돌려보았자 골이 들어가지 않으면 승부는 나지 않으며, 수평 상태의 물은 확산擴散이라는 퍼짐현상이 잠시 일어날 뿐 흐를 수 없기에 물은 곧 썩는다.

중력을 이기고 높이 자라나는 아름드리나무처럼 국가도 바로 서야 한다. 나무의 뿌리인 국민이 바로 서야 지도자도 바로 선다. 그러므로 우리 국민들은 분별력prudence을 갖추자. 정치가 선善하기를 기대하는 것은 너무 이상적인 생각일까? 한낮의 꿈일 뿐일까? 순진한 바보의 순수한 믿음일까? 꿈일지라도 믿어보자. 사람의 선함을 믿어보자. 진심으로 믿어주고 싶다.

그러나 역사는 가끔은 과거로 회귀回歸한다고 한다. 요즘, '진짜, 정말'이라는 뜻의 영어인 'REAL'을 영어식 발음인 '리얼'이 아닌 '레알'로 장난스럽게 발음하는 것이 유행인데, 스페인의 프로축구 구단인 레알 마드리드Real Madrid Club 때문에 생겨난 귀여운 발상發想이라고 본다. 그런데 '레알 마드리드'는 알아도 '레알폴리틱'을 아는 국민은 드물다. 레알폴리틱Realpolitik[4]은 독어일로, '진짜배기 정치'라는 뜻이다. 레알폴리틱은 주어진 환경과 요인만 바라볼 뿐 이상적, 도덕적, 윤리적 개념에 집착하지 않는다. 어찌 보면 현실주의나 실용주의 철학의 한 학파와 비슷하게 들릴지 모르며, 또 실제로 유사한 것이지만, 레알폴리틱이라는 용어는 위압적이고, 초도덕적이거나 마키아벨리적인 정치형태를 경멸적으로 표현될 때에도 사용된다. 국제간의 군사나 외교 문제에서는 권력 추구보다는 당장의 생존 혹은 안전을 위한 실용적인 정책이 필요할 수도 있다.

정치인들이 정말로 이상한 것일까? 자세히 보면, 정치인이 되기

전에는 순수하던 사람이 정치에 입문하면서부터 변하는 것을 볼 수 있다. 무엇 때문일까?

"너도 옳고, 너도 옳고, 또 너도 옳다"는 황희 정승의 유명한 일화가 있다. 여기서 발생하는 모순은 모두가 다 옳을 수 없다는 것이며, 실제로는 모두를 만족시켜 줄 수 없다는 점이다. 그럼에도 표를 얻으려니 일단은 모두가 다 옳다고 해줘야 할 것이다.

지도자의 정신이상 행태는 아래와 같은 때에 발생된다.

후보 때에 이상한 것이 아니라 권력을 쥐게 되면 그때부터 조금씩 이상하게 변한다. 군주는 영악하다. 그리고 음흉할 정도로 침착하며 또 영리하다. 정치인은 일반 국민보다는 한결 더 영악한 것은 맞다. 영악해지는 것까지는 받아줄 만하지만 포악해지면 그것은 문제다.

마키아벨리즘이라는 용어가 있다.

니콜로 마키아벨리Niccolò Machiavelli(1469~1527)는 르네상스 시대의 이탈리아 사상가이며 정치철학자이다. 마키아벨리즘 혹은 마키아벨리주의主義라는 용어까지 만들어지게 된 이유는 그의 대표적 작품인 《군주론君主論, Il Principe》[5]의 유명세 때문이다.

원래는 제목이 없었으며 특정 군주에게 헌정獻呈되었던 일종의 정치 참고서이다. 마키아벨리 사후에 공개적으로 출판되었으며 책의 제목은 그때에 붙여졌다. 이 책은 군주가 되는 방법을 가르쳐 주는 것이 아니고 권력을 유지하는 방법을 파격적이고 솔직하게 이야기해 준다. 당시에는 아무나 군주로 나설 수 있던 것이 아니고 누구나 인정해줄 만한 혈통血統을 타고났든지 아니면 굉장한 힘을 과시할 수 있는 사람만이 권력을 쥘 수 있었기 때문이다.

마키아벨리는 지도자가 성공을 거두기 위해서는 반드시 능력을 갖춰야 한다고 했다. 그래야 지도자가 기회를 인식하고 포착할 수 있으며 상대보다 생각이 앞서게 되고 그들과의 싸움에서 승리할 수 있다는 것이다.

운은 모든 전략적 판단에서 중요한 역할을 차지한다. 예기치 못한 상황이 닥쳤을 때 아무리 최대한 세밀하게 계획을 세웠을지라도 운이 따르지 않는다면 완전히 뒤집어질 수 있다. 그러나 역량 있는 지도자는 위기가 기회로 변하는 때를 인식하고 경쟁자나 상대방보다 더 빨리 반응하여 행운의 이점을 활용할 수 있다고 말한다. 마키아벨리즘은 "목적이 수단을 정당화한다"라는 말로 간단히 요약되기도 한다.

셰익스피어의 작품 헨리 6세 3부 3막 2장에서, 자신이 영국의 왕이 되어야 마땅하다고 주장하는 '글로스터의 리처드Richard of Gloucester'의 대사가 생각난다. 나중에 리처드 3세가 되어 서기 1483~1485년간 영국의 왕 리처드 3세로 치세했던 글로스터의 리처드 및 연극의 주인공인 헨리 6세(1421~1471)가 마키아벨리(1469~1527)를 과연 알고 있었을지 의문스러운 눈으로 셰익스피어의 실수를 쳐다보는 사람들도 있지만 당시의 마키아벨리의 명성을 익히 짐작케 해준다. 아무튼 연극의 대사는 아래와 같다.

> 나는 카멜레온에게 더 많은 색깔을 덧입혀줄 수도 있고,
> 나는 프로테우스와 변신술變身術 겨루기로 라이벌 대결을 벌일 정도이지.
> 그리고 난 그 잔혹한 마키아벨리를 학교 교실에 얌전히 앉아 있게

할 수도 있지.

I can add colours to the chameleon,

Change shapes with Proteus for advantages,

And set the murderous Machiavel to school.

능력만 된다면 원하는 만큼 권력을 유지할 수 있었던 옛 군주들과 달리, 약속된 기간 이상은 권력을 유지할 수 없는 것처럼 보이는 오늘날은 어떠할까? 군주가 지배하던 때와 상황이 많이 달라졌을까?

상황이 크게 바뀐 듯싶기도 하고 아닌 듯싶기도 하다. 집권 중일 때에 부지런히 미리 많이 벌어두고 제도를 자신에게 유리하게 바꾸어 퇴임 후에도 반대자들이 이를 쉽게 뒤집지 못하게끔 쐐기를 박아두는 것이 현대판 '군주'의 임무이다. 그리고 퇴임 후에도 겉으로 드러나지 않게 지속적인 영향력을 행사하고 정치적 보복을 피하면서 핵심세력으로 남기위해서는 자신의 지지자들, 특히 킹메이커들에 대한 보은 인사와 돈 벌어주기는 마치 필수적인 요소처럼 되어버렸다. 대한민국의 역대 대통령들이라면 이러한 떠도는 소문들로부터 자유로울 사람은 한명도 없을 것이다.

또 하나의 문제가 있는데 그것은 "뽑긴 뽑아야겠는데, 누구를 뽑느냐?"하는 고민이다. 서로 내가 옳고 네가 틀리다고 주장하는데 누구 편을 들어야 할지? 둘 중 '더 좋은 쪽'을 고르는 것이 아니라, 둘 중 '덜 나쁜 쪽'을 고른다는 이야기가 모순적이긴 하지만 타당한 표현 같다.

초등학생들에겐 아주 쉬운 문제이지만, 성인들에겐 아주 어려운 질문이 하나 있다. "세계인의 공동번영이 가능한 이야기인가?"라는 질문이다. 즉, 세계인 모두가 행복하게 살 수 있을까? 답은 아주 쉽다. 각자가 조금씩 양보하면 가능하다.

아무튼 2016년의 미국의 45대 대통령 선거에서 미국 국민들은 두 후보자를 놓고 운명적 선택을 해야 했다. 힐러리 클린턴 후보는 민주당의 정책을 그대로 물려받은 여자 오바마나 다를 바 없었으며, 공화당의 도널드 트럼프 후보는 제정신이 아닌 듯 예측불허의 아웃사이더였다. 여러분이 미국 유권자였다면 어느 쪽을 택했을까?

미국의 44대 대통령인 오바마는 세계인의 공동번영과 행복한 공존을 주창하며 자국 내의 약자는 물론이요, 전 세계에서 신음하는 세계인들의 고통에 관심을 기울여왔다. 그리고 다른 나라와의 원만한 관계를 유지하고 개선하여 보다 평화롭고 행복한 지구를 만들기 위해 헌신했다고 본다. 하지만 누가 미국을 세계의 대표국가로 선출이라도 했는가? 미국인들이 이 세상을 이끌어야 한다고 생각한 것은 미국인 자신들이지, 다른 나라들이 미국보고 지도자 국가가 되어달라고 울며 매달린 적은 결코 없다. 팍스 아메리카나Pax Americana, 세계의 경찰국가인 미국의 역할이 끝났다면 그건 끝난 것이다. 현실적으로 미국의 이러한 역할은 끝났다. 그리고 중국 등의 다른 나라가 그 자리를 메워야 한다는 논리도 어이가 없는 논리일 뿐이다. 중국은 제국주의적 역사를 되풀이하지 말아야 할 것이다.

45대 대통령인 트럼프는 원래 장사꾼이었으므로 미국을 팔아먹을 것 같은가? 같은 기업인으로 대한민국의 17대 대통령인 이명박 전 대통령과 유사점이 있다고 생각할 사람도 있겠지만, 트럼프는 이익을 위해 거짓말을 하는 스타일은 아닌 듯 보인다. 트럼프 대통령은 보면 볼수록 특이한 사람이다. 그의 화법과 철학을 자세히 들여다보면, 그가 결코 괴팍한 사람이 아닌 간단명료하고 결단력이 있는 사람으로 보인다.

물론 앞으로 그도 거짓말, 핑계 혹은 변명으로 '거짓말쟁이'라는 등 신랄한 비판을 받게 될 일이 분명 생길 수 있지만 아직은 솔직하다고 봐야 할 것이다. 솔직한 미국 지도자가 탄생한 만큼 대한민국 국민인 우리가 현실을 파악하기에는 둘도 없이 좋은 기회이다. 매도 먼저 맞는 것이 좋다.

두 번째 이야기는 이것이다. 정신과 의사가 환자나 치료하지 왜 이런 글을 썼느냐는 것이다. "오죽 사회가 혼란해 보였으면 망둥이까지 뛰겠느냐?" 말하는 건 정답이 아니다.

우리나라에는 정신적 문제로 시달리는 사람들이 많다. 정도의 차이는 있겠지만 정신적 문제가 없는 사람은 한 명도 없다고 봐야할 것이다. 그러나 정신적인 문제가 있는 사람을 고쳐 놓아보았자 치료를 받는 도중에도 그가 속해 있던 환경이 변한 것은 하나도 없을 것이므로 그 사람이 본래의 사회에 복귀하는 순간 원래의 아팠던 상태로 되돌아갈 뿐이다.

그러니 우리가 환자 한 명 한 명을 열심히 고쳐보았자 아무 소용이 없는 일이다. 질환의 원인을 제공했던 사회의 문제점들을 바로잡지 않는다면 병은 반복되고 더 많은 사람들이 병으로 고통당할 뿐이다. 현재 대한민국의 자살률은 대략 OECD 국가 중 최고이고 그 증가율도 최고이다. 무조건 죽지 말라고 애원을 해야 하나? 아니면, 살고 싶은 사회를 만들어줘야 할까?

우리의 사회 전체가 치료된다면, 그리고 그 환경이 개선되어 보다 건전한 사회가 된다면, 아팠던 사람이 사회로 되돌아가 건강한 삶을 되찾을 수 있게 될 것이며, 점점 빚더미만 늘어가는 국가 예산도 절약될 수 있을 것이다. 요즘 사회에서는 의사가 없어서 치료 받지 못하고 죽어나가는 사람은 많지 않다. 오히려 사회 불만에 대한 화병으로 병이 생기거나 억울해서 일찍 죽게 되는 경우가 더 많을 것이다.

사회가 건강해지면 국민도 건강해진다. 사회정신이 건전하면 국민도 행복하다. 이래서 필요한 것이 사회정신의학社會精神醫學적 개입인 것이다.

심리학이 우리 사회에 기여하는 바가 크며 그 분야도 다양해서 개인과 사회의 각종 문제점들을 찾아내는 데 많은 노력을 기울이고 있다. 그러나 심리학은 치료를 염두에 둔 학문이 아니다. 현상을 연구하는 분야이다. '약은 약사에게, 치료는 의사에게'라는 말이 있듯이 우리 사회의 정신적 문제에 대한 치료에 정신의학과 전문의들이 적극적으로 개입하고 참여해야할 시점이 도래하였다고 본다. 물론 환자 개개인에 대한 정밀한 분석과 치료도 아주 중요하다고 보지만 보다 거시적으로는 우리 사회, 나아가서는 국제사회의 정신 문제 해결에 나서주어야 할 것이다.

이번 기회에 우리 국민들이 정신건강과 정신의학에 많은 관심을 갖게 되는 계기가 되기를 바라며, 애국심과 정신과精神科본연의 책임감을 갖추고 사회정신의학의 발전에 기여하며 국가와 세계를 위해 희생할 각오를 가진 따뜻한 가슴을 가진 정신의학관련 전문가들이 많이 등장하여 적극적인 사회 진출과 활약을 기대해 본다.

| 차례 |

1장

배반의 시대, 되찾아야 할 정치리더십

01

다시 생각하는 지도자의 의미

• • • •

지배자와 지도자는 엄연히 다른 것이다. 지배자라는 단어는 민주사회에서 그리 환영받지 못하는 용어이겠지만 지도자라는 단어는 절대 부끄러운 용어가 아니다. 그럼에도 현재의 우리 사회에서는 지도자라는 단어를 일종의 계급적 용어로 생각하는 사람이 많다. 많은 이들이 지도자는 갑甲, 백성은 을乙이라는 단순한 공식이 성립된다고들 생각한다.

그뿐만 아니라, 마음이 워낙 겸손한 국민이라서 그런지, 지도자라 불리는 것에 필요 이상으로 공손해하며 불편해하기도 하고, 더 나아가서는 괜한 부담을 느끼고 있는 것 같다.

지도자는 지배자가 아니다. 하지만 민중의 심부름꾼도 아니다. 지도자는 '리더'이므로 이끌고 나가는 사람이다. 하인이나 머슴이 아닌 것이다. 우리의 편익을 위하여 국가 경영을 국민 전체를 대신해 맡은 국가 지도자이며 국민의 인도자이다. 국민 전체를 대표하고 대리하는 대표자라는 표현도 괜찮은 표현이다.

만약 대통령大統領이라는 용어가 너무 권위적이라고 느껴진다면, 클 대大를 대신할 대代로 바꾸어서 명칭을 代統領(대통령)이라

바꾸어 부르는 것이 나을지도 모른다. 국민 전체를 대리하여 대표하는 사람이기 때문이다. 대통령을 뜻하는 영어 단어인 President는 '앞서 있다'의 뜻의 프레pre와 '앉아있다'의 세덴타리sedentary가 합쳐진 용어이다. 프리사이드preside라는 동사는 '어떤 일의 중심이 되어 맡아 처리하다'의 뜻으로, 주재主宰하다는 뜻이다. 우리가 타는 자동차 중에서 앞뒤에 모두 좌석이 마련되어 있는 승용차를 세단sedan이라고 부른다. 앉을 자리가 있다는 뜻이다. 예로부터 성읍城邑의 지도자들은 높은 성문 앞에 앉아서 성의 주민들을 관리하거나 돌보기도 하고 재판을 맡아 하고, 아침마다 주민들의 인사와 문안을 받아주기도 했다. 그렇다고 해서 이들이 문 지키는 일을 했다는 것이 아니다. 문지기나 성문 경비병은 따로 있었다.

초기 인류에게 지도자의 역할은 매우 다양하여서 한 사람이 여러 가지의 중복된 역할을 맡았을 것이라고 추정된다. 따르는 이들이 함께 모여 살 영토를 정해야 했고 먹을 것을 구해 와야 했으며 주거지 인근의 또 다른 집단이 약탈을 목적으로 떼를 지어 몰려오면 장정들을 규합시켜 이를 물리쳐 내야했다. 집단 내에서 시비가 발생하면 재판을 통해 옳고 그름을 가려줘야 했으며 비가 오지 않아 가뭄이 심해지면 제사도 지내야 했고 누군가 병이 나면 굿도 해야 했다. 점점 더 다양한 역할이 요구되면서 역할은 분화되어 중간급 지도자 계급이 형성되었고 가장 높은 지도자는 무언가 좀 다른 특별한 역할을 해야 했던 것이 틀림없다.

보편적인 인류의 역사를 볼 때 초기의 지도자는 제사와 정치를 모두 중요시 여겼지만 제사와 정치 및 재판의 책임을 한 사람이 맡는 형태를 띠었으며 이후 제사와 정치를 구분하여 시행하는 제정분리가 이루어진다. 권력층들이 제사의 부담을 피하기 위해 제정분리를 시행한 측면도 있다. 하늘의 뜻을 잘 받들어야 백성들이 평안한데 제사를 잘못 드려 하늘이 노하시면 그 화가 백성에게 미쳤고 격노한 백성들이 왕을 살해하기도 했다. 가뭄과 홍수를 다스리는 치수治水는 제사와 정치를 함께 담당하던 지도자의 가장 큰 업무이기도 했다.

사마천司馬遷[1]의 사기史記에 따르면, 홍수로 범람이 잦아 백성의 고통이 극심했던 황하黃河의 치수를 담당했다가 실패하여 처형당한 곤鯀의 아들인 우禹가 부친 대신에 치수에 성공하여 민심을 얻고 천자로부터 왕위를 계승받아 하夏나라의 창시자가 되었다는 전설이 있을 정도이다.

우리나라에서의 제정분리는 토속신앙을 주관하는 제사장과 정치를 주도하는 권력계급간의 갈등 자체에서 발생했다기보다는 외부에서 유입된 체계적이며 강력한 조직력을 지닌 신흥종교를 받아들이는 과정에서 발생했다고 보는 것이 더 정확할 것이다. 물론 토속신앙 지지층이 그냥 힘없이 무너졌던 것은 아니고 심한 저항이 있었을 것으로 추측된다. 서로의 입장 차이가 컸던 신흥종교와 토속종교, 정치 권력층간의 삼파전은 결국 새로운 종교와 연합한 정치 권력층의 승리로 귀결되었을 것이다. 토속신앙은 일선에서 물러나고 민간인들의 개별신앙 혹은 미신거리로 전락하고 만다.

신라 법흥왕 14년(527)에 왕족이자 불교 승려인 이차돈[2]의 순교로 불교는 신라의 국교로 인정받게 되었는데 당시 동아시아의 대체적인 종교의 추세가 불교였고 고구려, 백제와 비교하여 신라의 불교 도입은 무려 200여 년 가까이 뒤쳐진 상태였으므로 불교의 시급한 도입이 불가피했을 것이다.

서기 600년대 초 신라 진평왕眞平王시절의 청년 화랑 김유신은 비록 금관가야의 왕족이었지만 성골聖骨보다 낮은 진골眞骨 계급에 속해 있었으므로 당시의 대세였던 불교를 추종해야만 권력의 핵심에 진출의 기회를 얻을 수 있었을 것이다. 김유신은 자신의 토속신앙을 유지할 수 없었고, 결국 부모의 강한 요청으로 불교로 귀의하였을 것으로 추정된다. 화랑 김유신이 '아끼던 말의 목을 잘랐다는' 우리가 어렸을 때에 들어 알고 있는 동화는 그냥 동화인 채로 두고 어른의 입장에서는 보다 합리적인 설명을 따라야 할 것이다. 김유신이 청년 시절 자주 다니던 곳은 천한 기생집 여자인 천녀賤女[3]의 요정집이 아니고 당시의 역사적 상황으로서는 사라져야만 했던 신라 최후의 여제사장의 처소였을지도 모른다. 김유신은 천녀天女와의 인연을 끊고 불교 신자가 되어야만 계급상승이 가능했던 것이다.

이와 유사한 상황은 당시 서양을 재패했던 로마제국의 콘스탄티누스 대제가 서기 313년의 밀라노 칙령을 발표함으로써 전 세계의 역사를 크게 바꾸어 놓은 예가 있으나 여기에서는 긴 이야기는 생략하도록 하겠다. 하지만 이스라엘, 유대교, 기독교로 이어지는 중동 및 서양사의 중요성을 무시할 수 없으므로 제사장과 지도자는 존재했으나 특이하게도 오랜 기간 왕王의 제도를 도입하지 않았던 이스라엘 민족을 한번 살펴보도록 하자.

고고학적으로 모든 것이 증명된 것은 아니지만 가장 오랜 시간 동안 보전되어 온 기록은 구약성경의 형태로 존재하며, 구약성경에는 이스라엘 민족의 이야기가 담겨 있다. 다음에 설명하려는 사무엘이라는 이스라엘 지도자는, 학설에 따라서 길게는 기원전 1,200년경, 짧게는 기원전 1,000년경의 사람이다. 우리 시대로 보자면 고조선시대의 일이다.

사무엘의 시대에, 이스라엘 민족의 최고 지도자는 사사士師, judge라는 직함의 단계에서 '왕'의 단계로 이행된다. 지구상에서 가장 똑똑한 민족이라는 이스라엘 민족이 아둔해서 왕에 의한 통치제도가 다른 민족이나 나라에 비해 늦게 도입된 것은 아니다. 이미 이스라엘은 당시에 제정이 분리되어 있어 대제사장은 따로 존재했었고 사사였던 사무엘이 왕으로 등극한 것도 아니고 일반 백성 중에서 왕을 새롭게 택하게 된다.

사무엘 때에 이스라엘은 왕에 의한 통치형태로 전환되었는데 기원전 1,000년경의 이스라엘의 지도자였던 사무엘은 왕권王權을 다음과 같이 정의하고 있다. 사무엘은 모세로부터 시작되어 이어 내려온 사실상 마지막 사사(왕을 대신해서 민족을 이끌던 지도자)이다.

> 사무엘이 늙어서 그의 아들들을 이스라엘 사사로 삼으니, 그의 아들들이 자기 아버지의 행위를 따르지 않고 이익을 따라 뇌물을 받고 판결을 그릇되게 하니라. 이스라엘 모든 장로가 모여 사무엘에게 나아가서 그에게 이르되, "보소서 당신은 늙고 당신의 아들들은 당신의 행위를 따르지 아니하니 다른 나라들과 같이 우리에게 왕을 세워 우리를 다스리게 하소서" 한지라.
>
> 우리에게 왕을 주어 우리를 다스리게 하라 했을 때에 사무엘이 그것을 기뻐하지 아니하여 여호와께 기도하매 여호와께서 사무엘에게 이르시되, "백성이 네게 한 말을 모두 들어주어라. 이는 그들이 너를 버림이 아니요, 나를 버려 자기들의 왕이 되지 못하게 함이니

라. 내가 그들을 이집트에서 인도하여 낸 날부터 오늘까지 그들이 모든 일에서 나를 버리고 다른 신들을 섬김 같이 너에게도 그렇게 하는 것이다. 그러므로 그들의 말을 듣되 너는 그들에게 엄히 경고하고 그들을 다스릴 왕의 제도를 가르치라."

사무엘이 왕을 요구하는 백성에게 여호와의 모든 말씀을 말하여 이르되,

"너희를 다스릴 왕의 제도는 이러하니라. 그가 너희 아들들을 데려다가 그의 병거와 말을 호위하게 하리니 그들이 그 병거 앞에서 달릴 것이며, 그가 또 너희의 아들들을 천부장과 오십부장을 삼을 것이며 자기 밭을 갈게하고 자기 추수를 하게 할 것이며 자기 무기와 병거의 장비도 만들게 할 것이며, 그가 또 너희의 딸들을 데려다가 향료 만드는 자와 요리하는 자와 떡 굽는 자로 삼을 것이며, 너희의 밭과 포도원과 올리브나무 밭에서 제일 좋은 것을 가져다가 자기의 신하들에게 줄 것이며, 너희의 곡식과 포도원 소산所産의 십일조를 거두어 자기의 관리와 신하에게 줄 것이며, 너희의 노비와 가장 아름다운 소년과 나귀들을 끌어다가 자기 일을 시킬 것이며, 너희의 양 떼의 십분의 일을 거두어 가리니 너희가 그의 종이 될 것이라. 그날에 너희는 너희가 택한 왕으로부터 해방되고자 부르짖더라도 그 날에 여호와께서 너희에게 응답하지 아니하시리라." 하니,

백성이 사무엘의 말 듣기를 거부하여 이르되 "아닙니다. 우리도 우리 왕이 있어야 하리니 우리도 다른 나라들 같이 되어 우리의 왕이 우리를 다스리며 우리 앞에 나가서 우리의 싸움을 싸워야 할 것입니다." 하는지라,

사무엘이 백성의 말을 다 듣고 여호와께 아뢰자, 여호와께서 사무엘에게 이르시되, "그들의 말을 들어 왕을 세우라." 하시니, 사무엘이 이스라엘 사람들에게 이르되 "너희는 각기 성읍으로 돌아가라" 하니라.

- 사무엘상 8장

앞서 언급한 대로, 고대 이스라엘이 결코 다른 민족에 비해 크게 뒤쳐져서 뒤늦게 왕정王政을 도입한 것은 아니다. 단지 왕이 아닌 하나님이 직접 다스리는 민족으로 남아있게 하려는 의도에서였지만 백성은 목청을 높여 왕을 요구한다. 분명 이스라엘 백성들은 무엇인가를 포기하고서라도 굳이 왕이 필요했던 모양이다. 사무엘 사사의 경고에도 불구하고 백성들 스스로가 자기들 위에 왕을 세워달라고 간구하였다. 왕이라는 지도체제가 당시의 시대적 요구였던 것이다.

그렇다면 지금 우리나라 국민들이 열망하는 지도체제는 무엇인가? 일단은 나라의 헌법 제1조[4]를 바꾸지 않는 이상, 대한민국은 명백한 민주공화국이다. 혹은 단일국가 대통령제 공화국이다. 비록 사무엘 시대의 왕처럼 군림하지는 않겠지만 여전히 지도자는 백성의 희생을 요구한다. 지도자 자신의 희생도 필요하지만, 국민의 희생은 필연적으로 따르는 것이 모든 집단의 질서이다. 심지어는 우리보다 못하다는 짐승의 집단도 일부의 희생을 통해 종족이 유지된다.

모두 알다시피 이것이 대한민국 헌법 제1조이다.

① 대한민국은 민주공화국이다.

② 대한민국의 주권은 국민에게 있고, 모든 권력은 국민으로부터

나온다.

물론 대한민국의 헌법 제1조의 2항의 해석은 자기 나름대로의 입맛에 따라 다르게 해석할 여지가 많아 보이지만, “권력은 국민으로부터 나온다”라는 문장은, ‘권력자가 국민으로부터 나온다’고 해석될 수도 있으므로 국민이 선출하였고 국민을 대표하는 지도자가 모든 권력을 갖게 된다는 뜻처럼 이해될 수도 있다.

이는 엄청난 권력이다. 하지만 일반적인 우려와는 달리 권력은 비교적 분산되어 있는 편이다. 혼자서 권력을 다 쥘 수 없다는 의미이다. 심지어는 일부 독재사회주의 혹은 왕조국가에서도 권력은 분산되어 있다. 쉽게 말하면 아무리 원시적인 통치체계라 할지라도, 지배계층과 군대가 따로 세력을 가지고 있다는 것이다. 타협 아닌 힘으로 완전히 군대를 장악한 지배계층이 있는 나라를 찾아보기는 어려울 것이다. 하물며 대한민국의 경우에는 비록 불완전하나마 입법, 사법, 행정부가 나뉘어져 있으며, 군대는 잘 통제되고 있다. 어쩌면 권력의 집중과 분산이 아닌, 권력을 차지하게 되는 지도층의 자질이 더 큰 문제일지도 모른다.

우리가 여기에서 주목해야 할 부분은 권력을 잡은 인물들만이 지도층이 아니란 것이다. 지도자는 비록 현재 국가의 권력을 잡지 않았어도 여전히 지도자이다. 투표를 통해 권력을 쥐게 되어 있지만 100퍼센트의 지지를 받은 것은 아니기 때문이다. 나머지 반대편의 민심을 잡고 있기에 권력을 잡지 않은 자도 여전히 지도자이며 잠재적 권력자이다. 고로 권력을 쥐지 않았으니 지도자로써의 책임이 없다고 회피하지 말았으면 한다.

민주주의의 지도자는 국민이 뽑은 국민의 머슴이 아니고 국민인 우리 모두가 지도자이다. 민주주의 국가에서 머슴이란 계급은 절대 존재해서는 안 되는 계급이다. 모두가 리더십을 배우고 또한 서로를 존중해줘야 한다. 다시 말해서 한 나라의 국민들끼리는 서로를 위하고 배려할 줄 알아야 한다는 것이다. 누구나 지도자의 품성을 배워야 한다. 그리고 그 품성의 함양涵養은 해당 국가의 의무교육 기간 동안에 모두 이루어져야 한다. 왜냐하면 높은 학식이나 많은 재산, 좋은 집안에 관계없이 지도자의 선출이 이루어져야 하기 때문이다.

덧붙이자면 대한민국은 민주주의 국가인 만큼, 지도자를 국민 중에서 골라내어 뽑는다는 것을 인정해야 한다는 것이다. 개천에서 용이 난다는 말도 있고 가치 없는 돌 더미 속에서 옥을 골라낸다는 말도 있기는 하다. 그러나 개천에서 용이 나오는 것이 지도자의 선출이라면, 대한민국은 개천이라는 말인가? 좋은 나무에서 좋은 열매가 나온다. 나라의 근본인 국민의 자질이 그 나라의 지도자의 자질을 결정한다.

나쁜 국민 일부가 나쁜 지도자를 뽑았다고 서로 탓하지 말자. 앞으로는 똑똑한 국민들 모두가 똑똑한 지도자를 골라냈으면 좋겠다. "그놈이 그놈이지"라고 체념하지 말고 이제는 사람 보는 눈을 제대로 가지고 제대로 뽑았으면 한다. 왜냐하면 잘못된 지도자가 저지르는 실수의 책임은 지도자 자신에게만 있는 것이 아니라, 상당 부분은 그 지도자를 선출한 국민에게도 있기 때문이다.

대통령 후보들의 학력, 경력, 재산, 병역, 납세실적, 전과기록, 군복무경력 그리고 신체건강상태에 대한 정보뿐만 아니라, 기본적인 정신-심리검사 등을 통한 정신 상태의 검증까지 할 수 있는 제도의 도입을 고려해 보았으면 한다. 엄격한 표준과 기준을 통해 우리나라의 격에 맞춘 명품 지도자를 배출시키고 싶은 희망에서이다.

쉽게 말해서 대통령 후보들에 대한 정신감정을 실시하자는 것이다.

요즈음 항간巷間에는, 어린 시절 충격적인 사건으로 인한 부모상실의 경험이 장기적, 즉 성인이 된 후의 정서나 행동양식에 영향을 미치는가에 대한 궁금증들이 떠돌고 있는 모양이다. 가령 분별력이나 판단능력이 결여된다던지 의존적인 성향 등 성격형성에 영향을 주는지에 대한 궁금증 등이다.

그러나 우리는 말 한마디라도 조심해야 할 것 같다. 그렇지 않아도 상처투성이인 우리 국민들에게 또 다른 상처를 안겨주고 특정 집단을 비하하는 비겁한 집단행동을 유발시킬 수 있기 때문이다.

분석과 비판이라는 것이 생산적인 도구 같아 보이기도 하지만 양날 달린 칼의 역할을 한다. 양날의 의미는 날카로운 메스scalpel가 사람을 살리는 수술도구로도 사용되고, 날선 회칼이 싱싱한 회를 썰어주기도 하지만, 사람을 죽이는 살인도구로도 사용될 수 있다는 뜻이다. 자칫 잘못하면 우리나라에서 전국을 활개 치고 다니는 집단 혐오증 현상을 초래할 수도 있다.

2016년 발생한 강남 화장실 살인 사건으로 여성들의 남성혐오 현상이 만연하더니, 지금은 무능력한 것인지 영악한 것인지 모를 몇몇 여성들 때문에 여성혐오현상이 곳곳에서 발견되고 있다. 이 여성혐오사상의 한류韓流는 태평양 건너 미국까지 수출되어 2016년 미국대선에 결정적 영향을 주었을지도 모른다.

정신 상태의 문제가 중요한 것이니 만큼 인권보호를 위하여 마냥 보듬고 덮어줄 수만은 없을 것이다. 정신적 결함으로 모두에게 면죄부를 주다보면 상당한 도덕적 해이 현상이 발생할 수도 있다. 과거 인정 많던 우리 사회에서조차 점진적으로 면죄부가 줄어드는 경향은 술에 취한 상태에서 일으키는 범죄에 대한 처벌 수위가 강화된 것만 봐도 알 수 있다.

일단, 어린 시절 충격적인 사건으로 인한 부모상실의 경험이 장기적, 즉 성인이 된 후의 정서나 행동양식에 영향을 미치는가에 대한 궁금증은 해결하고 넘어가야 할 것이다. 사실인 즉 '조기 부모 상실에 따른 장기적 영향[5]'이라는 외국의 최근 논문들은 주로 성인기의 부모 상실이 아닌, 말 그대로 조기早期 부모 상실을 두고 말하는 것이므로, 성인이 아닌, 18세 이하의 미성년 시절의 문제를 주로 다루고 있다.

어느 논문에서 소개된 46세 된 여성의 경우, 16세이던 해에 부모 모두를 연달아 잃었는데 부모에 대한 적합하고 충분한 애도과정이 생략되었고, 새로운 가정으로의 급작스러운 편입과 이전의 삶과는 너무도 다른 환경에 처하게 되어 삶의 연속성이 모두 단절된 경우였다. 쉽게 말해서 졸지에 가족과 집과 과거 등 모든 것을 상실한 상태였다.

방금 설명한 이 46세 여성의 경우와 비교하여 박근혜 전 대통령의 개인사를 간단히 서술해 보겠다. 이분은 대통령이 된 아버지를 따라 11세 되던 해에 청와대로 거처를 옮기게 된다. 그 아무리 장군의 딸이었다고 하더라도 세계 최빈국 중의 하나로 일인당 국민소득이 100불도 되지 않았던 1960년대 당시의 우리의 삶을 생각하자면 초가집에서 궁전으로 이사를 간 기분이 분명 들긴 하였을 것이다.

박정희 장군의 집은 생각보다 초라했을 것이고 청와대의 새집은 무척 넓고 연탄이 아닌 기름보일러를 돌렸을 것이다. 그다지 좋은 비행기는 아니었지만 나름 격식을 갖춘 중고 DC-4 여객기를 개조한 VC-54 대통령 전용기[6]도 타보았을 것이다. 기차나 자동차도 못 타본 사람들이 허다했던 당시의 일이다. 여담이지만 경남의 사천 항공우주박물관에 가면 그 비행기를 볼 수 있다.

18세에 대학에 입학하였으며 전자공학을 전공하고 대학 졸업 후 22세경 프랑스로 유학을 떠나 있다가 갑작스럽고 비극적인 모친의 사망 소식을 듣고 귀국하여 모친을 대신하여 영부인 직무를 수행하게 된다. 불행히도 27세 되던 해에 아버지마저 암살당한다. 심리적인 충격에 취약한 미성년자 시절에 비극을 당한 것은 아니고 어린 나이에 급작스럽고 가파른 계급과 신분의 상승에 적응해야 했던 것에 대한 충격이 박근혜 전 대통령을 힘들게 했을 수는 있으며 이후의 성격 형성에 영향을 주었을 것이다. 11세 때에 졸지에 국가 최고 권력자의 맏딸이 되었으니 말이다.

비록 하루아침에 권력의 보호 아래에서 물러나야 했고 여러 위협적인 상황을 겪었겠지만 대형 재단 두 곳의 이사장을 지내는 등의 사회활동을 지속하고 심지어는 1998년부터 2013년까지 5선의 국회의원 그리고 당 대표 및 대통령 후보자 등을 지낸다.

요약하자면 박 전 대통령은 부모의 조기상실로 인한 장기적 영향을 받았어야 할 분이 아니라는 것이다. 다른 이유로 갑자기 망령이라도 나서 성격이 완전히 변해버린 것이라면 몰라도 사람이 갑자기 그렇게 변할 수는 없다. 성격적인 문제가 있을지도 모른다는 생각은 조심스럽게 해볼 수는 있겠다. 하지만 그러한 성격은 부모의 조기상실 때문에 형성된 것은 아닐 것이라 생각한다. 즉 항간에 나도는 소문은 잘못된 것이다.

그리고 정신 상태에 큰 문제가 있다고 본다면, 1998년부터 2013년까지의 무려 15년간의 기나긴 시간동안, 동료 국회의원들 및 박근혜 의원에게 적대적이던 수많은 국회의원들은 도대체 무엇을 했다는 말인가? 등잔 밑이 어둡다는 말이 참말인가 보다. 미국의 트럼프 대통령보다 훨씬 장기간 검증되었고 이름만 바꾼 같은 당에서 2번씩이나 대통령 후보로 검증되었던 인물이다. 문제가 있었다면 그 당시에 드러났어야 맞다.

뒤에 다시 언급하겠지만, 미국 대통령 선거 기간 동안 가장 '대통령스럽게' 말을 잘한 후보가 힐러리 클린턴 후보였다고 한다. 그녀의 화법은 마치 지난 미국 대통령들의 취임식 연설문 중 가장 좋은 부분들만을 발췌한 듯한 착각을 일으킬 정도였다고 평가된다. 본인은 이미 대통령이 된 것이다 다름없다고 믿었는지도 모른다. 역시 뒤에 다시 언급하겠지만, 박 전 대통령도 15년 동안의 정치 인생의 최고점에 달하여 대한민국 18대 대통령 후보로 나서기 위해 국회의원직을 사임할 때에 힐러리와 비슷한 착각을 일으켜 독특한 말실수를 한 적이 있다.

어려운 위기가 오기 전까지는 진정한 친구가 누구인지 구분해 낼 수 없다고들 한다. 마찬가지로 진정한 위기가 오기 전까지는 누가 진정한 지도자일지도 판단할 수 없기에, 위기가 닥치면 겁쟁이, 배신자 혹은 부적격자들이 눈에 띄게 마련이다. 위기의 시점인 현재에도 많은 부적격자들이 눈에 띈다.

역사상 가장 위대한 지도자라 칭송받는 그리스의 알렉산더 대

왕의 경우를 보자. 그의 아버지이자 마케도니아의 왕인 필립 2세가 알렉산더 자신이 보는 앞에서 처참하게 암살당한 사건이 벌어진 때는 알렉산더의 나이 20세 때의 일이다. 박 전 대통령보다 2살이 더 어릴 때의 일이다. 그리고 여기서 끝나는 것이 아니고 이야기는 더 복잡해진다. 정확한 역사적 사실로 전해지는 것은 아니지만, 알렉산더 대왕이 본인 친구들을 시켜 자신의 아버지를 암살했을 것이라는 설이 있다. 이게 사실이라면 알렉산더 대왕은 위대한 지도자가 아니라, 권력욕에 눈이 멀어 아버지까지 살해한 잔혹한 군주로 보아야 할 것이다.

우리 사회에는 부모 없이도 훌륭하게 잘 성장해온 사람들이 수도 없이 많다. 부모를 일찍 상실하였기 때문에 정신적인 결함이 있다고 몰아붙이는 것은 어불성설語不成說이다. 앞에서 "우리는 말 한 마디라도 조심해야 할 것 같다"라고 한 것은 바로 이런 이유 때문이다. 상처를 주는 악의적 소문과 말들은 한 방향을 향해 날아가는 화살과는 달리 마구잡이로 사방으로 튀어나가는 수류탄의 파편처럼 책임지지 못할 잔혹한 결과를 초래한다. 부지불식간에 소외된 약자나 소수의 집단을 비난하고 상처를 주는 결과가 벌어질 수 있다.

어찌되었든, 지도자의 품성이 중요하다는 의견에는 모두가 찬성할 것이라 믿는다. 이상적인 지도자의 모습은 시대에 따라 혹은 지도자가 소속된 집단에 따라 차이가 있어 왔던 것 같다. 물론 사람의 인격을 평가할 때에는 보편적인 잣대를 적용하는 것이 원칙이지만 원시적 사회, 봉건적 사회, 민주적 사회에서의 지도자의 역할은 조금씩 달랐을 수 있다. 조금 지나친 비유를 하자면, ISIS와 같은 테러 집단의 지도자가 성품이 온화하고 인간미가 넘친다면 그들의 목적을 수행하지 못할 것이다. 그러므로 지도자의 품성의 평가에는 항상 일치하는 일률적인 잣대는 없다.

또한 지도자의 선발이 세습적으로 동일 혈통에서 발생하는지 아니면 집단 전체에서 선발해 낸 것인지에 따라서도 지도자의 성질의 차이가 발생한다. 왕위 계승의 문제를 겪었던 영국, 일본, 태국 등의 경우를 보면 쉽게 알 수 있다. 무리하게 혈통을 계속적으로 유지하려다 보니 왕족들의 인성이 국민들의 마음에 걸렸던 것이다. 좋은 혈통만이 유지될 수 있다면 좋겠지만, 세습제의 경우 불량한 혈통만을 내려 받는 수가 많다. 3대째 독재 정권이 유지되고 있는 경우처럼 말이다.

이미 사회심리를 분석하는 전문가들 사이에서는 성격적으로 이상적인 지도자 상이란 어떤 것인지를 그려보고 있는 모양이다. 완벽한 모델을 찾기는 어렵겠지만 다양한 환경변화에 대한 지도자의 행동들을 과학적으로 예측할 수 있다고 생각하는 것 같다. 고로 이들의 의견을 신중하게 검토해 보았다.

개인의 심리에 미치는 여러 가지의 복합된 요인들에 의해 하나의 인간적 본질이 생성되는데 이러한 복합적 요인들 중 몇 가지는, 자신의 내부가 아닌 외부세계와 반응하는 한 개체로써의 본질이라는 것도 존재한다. 개인이라 불리는 하나의 인간은 생물학적 존재, 사회적 존재, 심리적 존재, 기술-정보적 존재이며, 이것들과 개인의 내부적 요인들의 공통분모가 궁극적인 인간성humanity을 형성한다고 보고 있다. 그러나 특정 사회의 지도자가 되기 위해서는 이러한 기본 요건보다 더 많고 훨씬 까다롭고 복잡한 반응들을 처리할 수 있어야만 한다.

최근 도널드 트럼프의 미국 대통령 당선을 의외의 시선으로 보는 사람들이 많다. 이것을 반영하듯 미국에서는 트럼프 후보의 등장을 기점으로 하여 대통령 후보에 대한 정신감정의 필요성이 대두되고 있다.

물론 트럼프 후보 이전에도 정신적 문제를 지닌 미국 대통령이 한두 명이 아니었음에도 유독 미국의 45대 대통령을 뽑는 선거에서 후보의 자질 문제를 두고 논란이 많았으며, 실제로 정신의학적 부분을 문제 삼았기 때문에 상당히 추잡스러운 선거전 양상을 띠게 되었다. 트럼프 후보의 경우에는 특이하게도 인격장애의 한 분류인 자기애적自己愛的 인격장애 환자로 취급받기까지 했다.

다시 말해 당선 가능성이 높은 대통령 후보에 대한 정신감정의 필요성이 대두되었다는 뜻이다. 도널드 트럼프만이 공격의 대상이 아니었다. 힐러리 클린턴의 정신 상태에 대한 의문도 끊임없이 제기되었다.

상식에 벗어날 정도로, 지나치게 비판적으로 트럼프 시대를 바라보는 전문가들도 있었는데, 이것은 어느 인터넷 기사의 제목이다.

> Could America Elect a Mentally Ill President? Yes. In fact, we probably already did.

해석인 즉, "미국이 정신질환자를 대통령으로 뽑을 가능성[7]이 있을까요? 네, 사실은 이미 뽑았을걸요."

또 하나의 궁금증은 '얼마나 많은 사람을 이끌어야 지도자로 칭할 만한가?' 하는 질문이다. '수신제가치국평천하修身齊家治國平天

下'라는 문장이 의미하듯이, 집안 하나만 이끄는 가장도 지도자인 셈이다. 여기에 통치 기간이 어느 정도가 되어야 지도자로서 의미가 있는가에 대한 의문도 생긴다. 더도 말고 딱 5분간만 리드했다면 지도자인가, 아닌가? 식의 질문이다.

얼마나 많은 사람을 이끌어야 지도자라고 할 수 있을까? 또는 얼마나 오랫동안 사람들을 이끌어야 지도자라 칭할 수 있을까?

이 질문은 참으로 어려운 질문이다. 너무 오래 이끌면 독재자가 되고 이끌 사람이 너무 적으면 지도자라고 부르기엔 많이 어색하다.

방금 언급한 의문을 가지고 한 번 생각해 보자.

기껏 많아 보았자 500여 명의 승객을 태우고 다니는 여객용 항공기의 조종사들과 승무원들이 존재한다. 대단한 지도자라고 할 것까지는 없지만 일정 시간 꽤 많은 사람의 생명을 책임져야 하므로 제한적이나마 한시적 지도자라고 볼 수도 있지 않겠는가? 비록 한시적이나마 리더의 정신적 문제가 얼마나 심각한 결과를 가져올 것인지는 2015년에 발생한 독일의 루프트한자 계열사 중 저가항공사인 '저먼윙스German Wings[8]' 항공사의 항공기 추락 사고를 보면 알 수 있다.

저먼윙스라는 독일 국적의 항공사는 우리에게 다소 생소하지만, 영국과 거의 동시에 세계 최초로 여객 수송을 시작했던 독일의 대표 여객기 회사이자 세계적인 항공사인 루프트한자의 계열사라는 것을 알고 나면 그 관심도가 조금 높아질 것이다. 평소 우울증과 자살 시도 이력을 지니고 있던 여객기의 부조종사는 기장이 잠깐 조종석 자리를 비운 틈을 타서 조종사실 문을 걸어 잠그고 여객기를 추락시킨다. 부조종사 혼자서 이 세상을 떠나기는 싫었던 모양이다. 황천

길로 탑승객 150명 전원과 함께 간 것이다. 150명 전원이 사망했고 이중 149명은 자신들의 의지와는 전혀 다른 시간에 다른 곳으로 가고 말았다.

대한민국의 입법자들을 포함한 정치인들은 자동차 운전면허를 취득할 때에도 간단한 인성검사를 실시해야 한다고 주장하고 있다. 허술하게나마 적성검사라는 이름으로 사고 방지 정책이 형식적으로는 시행 되고 있다. 대체로 운전자 혼자 타고 다니는 차량의 운전면허에도 이러한 적성검사를 의무화하고 있는 반면, 5천만 공동운명체인 대한민국을 이끌어갈 지도자의 정신 상태는 제대로 검증도 하지 못한 채로 대통령이란 막강한 권좌에 오르도록 방치해두고 있다.

앞서 말했듯 대통령이 과거의 부모 상실로 인한 충격으로 파행을 일삼았다면, 2014년 4월 16일 진도군 조도면 부근 해상에 침몰한 여객선인 세월호의 선장이 조기에 부모를 상실하였기에 혼자서 도망친 것일까? 혹은 청해진 해운의 사주社主와 선주船主도 마찬가지 이유로 고물 선박을 무리하게 운영하였을까? 선령船齡이 지난 배를 연안여객선으로 운항토록 허용한 지도자도 그리하였다는 말인가? 아니, 뭔가 다른 이유가 존재할 것이라는 뜻이다.

정신이 멀쩡해 보였던 사람들이 고의적이었는지 아니면 불가항력이었는지 모르겠지만, 어이없이 연이어 저지른 실수들을 분석해 보면 겉모습만 보고는 사람을 판단할 자신이 없다. 겉으로는 멀쩡하게 생기고 평소에도 멀쩡하게 행동하던 사람들이 저지른 짓이 아니던가? 해양경찰 측이 세월호를 크루즈 선박으로 보지 않고 화물선으로 생각하였기에 승객의 숫자를 제대로 파악하지 못하고 구조의 긴급함을 간과했을 수도 있다는 이야기가 전해진다. 때문에 만약 청해진 해운 측이 이 배를 국내 최대의 크루즈 선박이라고 홍보한 사실이 있거나 홍보한 것이 사실이라면 문제는 더욱 심각해진다. 어처구니없이 구조를 맡은 사람들은 화물선인 줄 알고 출동했고 승객들은 호화 여객선일 줄 알고 구조를 기다렸으니 말이다.

우리는 교육과정의 한 측면으로써, 초등학교에서부터 반장, 부반장, 분단장 및 학급 임원을 선출하는 훈련을 자연스럽게 실시하고 있으며 이는 민주 시민을 양성하는 교육과정에서 중요한 부분을 차지한다. 비록 어린 학생들이지만 심사숙고하여 반이나 학교의 학생 임원을 선출하고 있는 것으로 안다. 선발 기준이 목소리 큰 학생, 덩치 큰 학생, 잘사는 집 아이는 아닐 것이다. 아니, 아니길 바라며, 어른들의 행태를 그대로 답습하고 있지 않기를 바란다. “아이들 앞에서는 냉수도 함부로 마시지 말라”고 하였듯이 어른들은 자라나는 우리 아이들에게 모범적인 지도자 선출 방법을 가르쳐 줘야 한다.

2000년대에 들어서면서 굵직한 선거만 있으면 유권자들을 좌파, 빨갱이, 종북, 보수꼴통, 가스통 할배, 치매 걸린 늙은이들이라 비하하며 유권자들의 정신 상태만을 걱정했지, 정작 권력이라는 칼의 손잡이를 잡게 되는 피선거인에 대한 정신적 검증은 없었다. 뽑는 사람들만 문제가 있는 것이지 뽑힌 사람은 전혀 문제가 없다는 사고방식이다. 실제로 그랬다. 유권자들을 이상한 사람으로 몰아붙인 것은 국민들이 아니라 지도자가 되려는 정치인들이다. 국민 간 갈등과 대치 상태를 조성하여 자신의 지지자들을 결집시키려는 행동인 소위 ‘편 가르기’라는 방식이다.

게다가 사전 검증이 비교적 철저하게 이루어지는 임명직에 비하여, 직선제로 선출되는 선출직 권력자들에 대한 검증은 매우 소홀

한 상태이며 당선인들에 대한 온갖 추잡한 의혹이 끊이질 않는다. 이것 또한 밝혀내야 한다.

군에서는 입대하는 장정들을 대상으로도 기본적인 심리검사를 통해 문제병사들을 걸러내고 또 관리도 하고 있다. 물론 이러한 심리검사는 간부들에게까지 확대되기까지는 여러 가지 문제로 인하여 곤란함이 있었으며, 간부들 또한 하사 계급 혹은 소위, 중위 계급 등의 초급간부에 한하여 시행되고 있는 것으로 안다. 사실상 입대하는 여군들에 대한 심리검사의 실시는 미흡하다. 여군 부사관 지적능력검사의 일부로써 인성검사가 포함되어 있긴 하다. 고급장교들의 진급 절차과정에 심리검사가 포함되어 있는지는 좀 더 조사해 볼 예정이다.

그러나 지휘관 급이 아닌 일반 군인들에게 심리검사를 통한 검증작업이 필요한 이유는 부족한 인격 수준으로 가혹행위를 할 가능성 혹은 따돌림에 가담하거나 이용당할 위험성 등을 사전에 파악하여 군내 폭력을 방지하기 위한 이유도 있겠지만, 가장 큰 이유는 이들에게 무기가 지급되기 때문이다. 이를 반영해 주는 최근의 사건 중 하나는 2015년 5월 13일 발생한 서울 서초구 내곡동의 예비군 훈련장 사격장에서 발생한 총기난동 사건이다. 물론 현역병이 일으킨 사고는 아니었지만 사회적 불만을 불특정 다수에게 극단적 폭력으로 터뜨린 사건이었다.

하물며 수류탄 한 개, 소총 한정, 실탄 한개 때문에 엄청난 신경을 쓰고 있는 상황인데, 만약 대한민국이 핵무기라도 보유하게 된다면 어찌할 셈인가? 우리 지도자감들은 모두 형편없으니 핵무기 보유국이 아님을 감사하게 생각하라는 뜻인가?

비록 정신의 상태 이상이 크게 드러나지 않는다 하더라도, 성격적으로 문제 있는 지도자들은 자신에게로 향하는 비난을 피하고 국민의 관심을 다른 곳으로 돌리기 위해 잔혹한 소동을 일으키기도 한다. 빌 클린턴 전 미국 대통령은 성추문 스캔들에 휩싸이자 1999년에 유고슬라비아를 공습하여 국민의 관심을 다른 곳으로 돌려버린다. 본말이 전도된다는 뜻으로 개가 꼬리를 흔드는 것이 아니라, '꼬리로 개를 흔든다'는 뜻의 영어표현인 "Wag the Dog"이다. 예측이라도 했다는 듯 이 일이 있기 2년 전에 동일한 이름의 영화가 이미 개봉 되었다. 특정 지도자의 행위를 소재로 영화를 만든 것이 아니라, 특정 지도자가 영화의 내용을 따라한 것 같은 인상이다. 참고로 영화 〈Wag the Dog〉[9]는 더스틴 호프만, 로버트 드니로 주연의 1997년 작품이다.

정신적 상태에 대한 검증은, 점진적으로 주요 국가정책 입안 및 실행자들에게로 점차 더 확대해야 하는데 이는 출신 지역, 성분, 보유재산 혹은 화려한 이력보다도 훨씬 중요한 것이기 때문이다.

우리나라 대통령들의 경우 필자가 아주 가까이서 오랜 기간 동안 지켜본 것이 아니므로, 정밀한 전통적 정신분석 자료를 내놓을 수는 없는 형편이다. 즉 사람의 깊은 무의식까지 점검해 볼 수는 없다는 뜻이다. 자발적으로 자신을 내보이는 것이 아니기 때문에 고전적인 정신분석은 어렵다. 앞으로 계속 등장하게 될 대통령 후보들의 경우도 마찬가지이다. 현실적으로 대통령급 지도자에 대한 정신감정은 어렵다. 고로 완벽한 정신 상태의 검사가 아니더라도, 갓 입대한 우리 훈련병들에게 시행하는 간단한 심리검사와 같은 수준으로라도 반드시 시행하여 그 결과를 국민에게 공개하여야 한다. 졸병은 시켜도 되고 대통령 후보는 안 된다는 말인가? 이건 민주주의가 아니다. 모든 국민이 평등하며 알 권리도 있다. 그리고 공개되는 자료에 대한 판단은 국민의 몫이다.

이성理性이 운전대를 잡아야 한다는 말이 있다Rationality should be in the driver's seat. 즉 자동차 안에서 가장 중요한 운전석의 장비를 이성이 아닌 감정이나 본능이 주도적으로 잡아서는 안 된다는 말이다.

만약 주도권을 허점투성이인 인간에게 도저히 맡길 수 없다면, 대통령도 요즘 젊은이들이 그토록 신뢰를 보내고 있는 빅데이터Big-data을 이용하여 선출하든지 아니면 아예 알파고AlphaGo와 빅데이터가 연결된 인공지능 컴퓨터가 인간 대신 대통령직을 맡든지 해야 할 것이다. 구글의 자율운전 자동차처럼 말이다.

완벽하지 못한 우리 인간에게 무엇을 맡길 수 있겠는가?

스튜어디스는 요즘 우리말로는 여승무원으로 불리고 있다. 여객기를 타본 사람들은 알겠지만 대부분은 사람들은 스튜어디스를 여객기 탑승객들에게 각종 서비스를 제공하는 비행기 속의 종업원쯤으로 알고 있는 듯하다. 상냥한 미소를 띠고 각종 서비스를 제공하다 보니 승무원들의 본연의 임무가 무엇인지 인식이 부족한 승객들이 자주 눈에 띈다. 그러나 스튜어디스stewardess나 스튜어드steward(남성승무원)는 비행기라는 특수한 운송수단의 정식 승무원이며 관리인들이다. 스튜어드라는 단어가 See(돌보다)와 ward(지키다)라는 두 개의 단어의 합성어임만 봐도 알 수 있다.

승무원들은 친절하며 무슨 요구든 다 들어줄 듯 보이지만 원칙적으로 승객들은 절대적으로 그들의 지시에 따라야만 하며 위기 상황에서는 대피의 우선순위도 이들이 결정한다. 1912년 사우샘프턴

Southampton을 떠나 뉴욕New york으로 향하던 중 북대서양에서 침몰한 RMS(Royal Mail Ship, 王立郵便艦) 타이타닉호의 사건을 아는 독자들이라면 응급 시의 승조원들의 역할에 대해 짐작이 가실 것이다.

우리가 알고 있는 요즘의 여객선이 아닌, 돛을 단 범선 종류의 여객선에 전문선원 신분이 아닌 민간인의 입장에서 요금을 내고 여행을 목적으로 바다를 이동하던 초창기 여객선 시대가 있었다. 당시만 해도 남녀 간의 구별이 각별하던 때라 여성 승객들의 관리는 남성이 아닌 여성이 들어야 했으므로 환경이 거친 범선 여객선이었음에도 여성 승무원들이 탑승해야 했다.

초창기의 여객기의 부기장이 객실에서 6명의 승객들에게 간단한 음식물을 접대하고 있다. (1928년경)

이러한 전통이 배가 아닌 비행기로 그대로 전승되었는데 이것이 바로 우리가 지금 보고 있는 스튜어디스라는 직업이다. 여객기라고 해서 처음부터 여자 승무원들이 처음부터 승객을 관리했던 것은 아니었고 초창기 여객기의 승객 관리는 주로 부기장이 그 역할을 맡아 했지만 항공기가 커지고 승무원의 숫자가 늘면서 부기장은 조종에만 전념할 수 있게 되었다.

비행기가 발명된 지 얼마 안 된 초창기에 항공기는 주로 배달이 급한 우편물과 가벼운 화물을 싣고 다녔지만, 사정이 매우 급한 승객도 태우게 된다. 당시 비행기의 성능이 좋지 않아서 승객들은 빠르게 이동할 수 있는 대신 마치 짐짝마냥 실려 고생해야 했으며 비싼 운임에 비해 기내 서비스는 형편없었다.

초창기에 부기장이나 항법사 등 주로 남성들이 맡아했던 임무도 날로 비행사끼리의 경쟁이 심해지고 기내 서비스가 강화되고 통제해야 할 승객의 숫자가 불어나자 더 많은 승무원들이 필요했고 스튜어디스라는 직업이 생겨난다.

엄청난 숫자의 비행기가 활약한 세계 제2차 대전으로 인해 폭발적으로 늘어난 항공기 생산과 베테랑 조종사들의 배출로 인해 배를 이용한 여객선 대신 여객기의 시대가 도래한다. 속도가 빠른 비행기를 통한 여행은 마치 요즘의 인터넷과 SNS(Social Network Service)가 우리에게 준 영향과 같이, 당시에는 멀게만 보였던 세계를 훨씬 더 가깝게 느끼게 만들어줬다.

이처럼 가까워진 세계가 좋은 점도 많았지만 다양한 부작용도 발생했다. 특정 지역에서만 발생하던 다양한 풍토병endemic이 순식간에 퍼져나가 전 세계적으로 유행병epidemic을 일으키는 작용도 했다.

이쯤에서 우리는 '본연本然의 자세'라는 말을 떠올려 보았으면 하는데 앞서 언급하였듯이 스튜어디스나 스튜어드의 본연의 임무는 우리 눈에 보이는 서비스가 아니고 승객을 보호하고 항공기를 보호하는 것이다. 서비스의 측면도 사실은, '좁고 위험한 환경인 여객기 안에서의 여러 승객들을 침착하고 안정된 분위기 속에서 무사하게 목적지까지 도달시키기 위한 것'이지, 서빙하려고 탑승한 것이 아니다.

'본연의 자세'라는 용어가 그냥 평소 흔히 접하는 말처럼 느껴질

여객기에서 스낵으로 제공되는 봉지에 든 땅콩 등 견과류. 이 작은 땅콩 한 알이 거대한 여객기를 잡고 흔들었다.

테지만 철학적으로는 여러 방면에서 사용하는 그 개념이 꽤나 까다로운 용어이다. 이 글에서 모두 다루지는 않겠지만, 불교, 기독교, 노자, 공자, 하이데거, 니체, 칸트 등이 그들의 철학에서 한결같이 공통적으로 내세우는 것이 바로 본연의 자세인 것이다. 본연의 자세를 망각하거나, 아예 본연의 자세 따위조차 가지고 있지 못한 사람들도 많을 것 같다.

일의 근본 줄기는 잊고 사소한 부분에만 사로잡힘을 뜻하는 말인 '본말전도本末顚倒'처럼, 인간이 역사 속에서 배우고 익혀두어야 할 상식과 본연의 자세를 망각할 경우에는 웃지 못할 일들이 발생하게 된다.

승객과 항공기의 안전은 무시한 채, 단지 서비스로 제공되는 스낵류인 작은 봉지에 담긴 땅콩 하나 때문에 비행 매뉴얼을 무시하고 상황을 엉망으로 만들어 위험을 자처하는 무식한 처사가 행해지기도 했다. 경영 후계자인 만큼 지도자라 부르는 데 손색은 없었을 것이다. 바로 이 지도자의 무지하고 편향된 사고방식이 승객과 회사는 물론 지도자 자신에게도 커다란 화를 부른 경우라고 본다. 특히 외국인들도 많이 이용하는 국제항공편 내에서의 비상식적 행위는 국제적인 망신으로 이어지기도 한다.

이쯤 되면, 필자가 무슨 말을 하려고 하는 것인지 짐작하셨을 것이다. 모름지기 지도자 혹은 지도자가 되려는 사람들은 반드시 기본적인 상식을 갖추어야 한다는 말이다. 기본 상식조차도 갖추지 못한 사람들이 지도자가 되겠다고 나서는 세상이기에 드리는 말씀이다. 게다가 실제로 그런 사람들이 지도자로 선출되기도 한다.

이런 일을 전혀 겪어보지 않으신 분은 거의 아마 없을 듯한데 그다지 호감도 가지 않는 불특정 상대방의 술주정을 받아주는 것처럼 곤혹스러운 일은 없을 것이다. 술은 사람의 자제능력을 떨어뜨려 평소 겉으로 보던 그 사람의 인격이 아닌, 실제로 그 사람 속에 담겨 있는 그대로를 드러나게 한다. 처음에는 친구라고 여겼던 사람도 함께 어려움에 처해보면 진심을 알게 된다고들 하던데, 보다 쉽고 흔한 방법으로 알아보기 위해서는 함께 판돈이 제법 크게 걸린 도박이나 내기를 하거나, 혹은 술을 무척 취하도록 먹어보면 그 사람의 내면을 더 자세히 알 수 있게 된다고 한다.

아무리 그 천박한 인격을 숨기려고 안간힘을 다 쓰더라도 시시때때로 사람들은 자기도 모르게 자신의 추한 모습을 세상에 내비치게 된다. 물론 우리 모두가 그러한 위험에 노출되어 있다. 그래서인지, 이런 비극적인 상황을 최소화하기 위해, 우리는 '인격수양人格修養'이라는 것을 열심히 하며 산다. 공부 좋아하는 우리 국민들에게는 평생교육도 참 좋은 것이지만, 평소의 인격수양을 우선적으로 권하고 싶다.

2015년 말에 술에 취한 승객 한 명이 김포공항에서 제주공항으로 가는 여객기에 탑승하였고 소주를 옮겨 담은 생수통을 소지한 상태였다. 술 취한 이 승객은 옆 좌석에 앉은 다른 승객에게 억지로 소주를 권하다가 거절당하자 기내에서 난동을 부려 문제가 된 적이 있다. 그런데 이 사람도 자기 분야에서는 나름대로 지도자 격에 속해 있던 사람이었다는 것이 실망스럽다.

2016년 말에도 이미 술에 만취한 상태로 탑승한 것으로 전해진 한 승객이 하노이에서 인천공항으로 가는 여객기 안에서 옆 좌석의 승객에게 자신과의 대화를 강요하다가, 급기야는 "이 형 센스가 없네?"라며 얼굴을 때리고 말았다. 자신보다 22살이나 연상인 아버지 같은 사람을 때린 것이다.

짐작이 가시겠지만 졸지에 얻어맞고 봉변을 당한 승객의 입장에서는 좀 편하게 여행하고 싶은 마음에 비싼 돈 내고 비즈니스 석을 택했을 텐데 하필 술주정하는 젊은이가 옆에 앉았고 소란을 일으키기 싫어서 내내 참고 있었음에도 불구하고 지은 죄도 없이 오히려 매를 맞은 상황이 되고 말았다. 이번에 문제를 일으킨 젊은이도 번창하는 중소기업의 후계자로, 장래가 촉망되는 지도자가 될 사람이었을 것이다. 물론 이 사람도 승무원들에게 제지를 당하자 기내에서 난동을 부렸다고 한다. 그리고 그가 다녔던 회사의 이미지는 엉망이 되었다.

지도자급의 사람들이 선택해서 사용해야 할 언어, 즉 본연의 자세에서 자연스럽게 나타나는 언행도 무척 신중을 기해서 사용해야 한다. 때때로 무심코 던진 말 한마디가 걷잡을 수 없는 사회적 파장을 일으키기도 한다.

2015년 1월에 국회에서 열린 '군 인권개선 및 병영문화혁신 특별위원회' 회의에서 어느 국회의원이 성폭력 피해자인 여성 하사를 '하사 아가씨'라고 표현하여 지도자로서의 언행으로는 부적절했다는 지탄을 받은 적이 있다.

국제적인 망신을 시킨 지도자들의 언행도 많이 있지만, 여러 사람의 귀감龜鑑이 되는 지도자들의 말도 꽤 존재한다. 겉으로 보기엔 많이 엉성해 망신스럽기도 하지만, 실제로는 해당 분야의 외국인들로부터 칭송을 받게 되는 경우가 있다. 두 개의 예를 들어보겠다.

부끄러움을 많이 타는 우리 국민들의 성향 때문인지, 특히 외국어 사용에 있어서 민감하다. '순간적으로 얼어붙는다'는 표현이 적절할까? 한창 국제화, 세계화를 외치던 무렵에는 이런 현상을 개선하고자 텔레비전 공익광고까지 등장하곤 했었다.

우리는 무엇이 부담스러웠을까? 소통의 정확함보다는 겉으로 보이는 유창함에 더 끌렸던 것은 아닐까? 영어권에서 살다 돌아온 젊은이들의 유창한 영어 발음에 국내에서만 살아봤던 사람들이 기가 많이 꺾여왔던 것은 사실이다.

하지만 이러한 부담감을 극복해낸 본보기가 여기에 있다. 유창함보다는 정확한 언어로 이야기한 우리나라 지도자들의 예이다.

먼저 8대 유엔 사무총장을 지낸 반기문 전 총장의 경우를 보자. 그의 영어 발음은 투박하기 그지없지만 빈틈없는 정확한 화법을 통해 전 세계의 수많은 사람들과 성공적으로 소통해냈다. 우리들이 발음보다는 외국어의 실용적 구사에 관심을 갖게 되는 환경이 조성된 것에 대해서는 반기문 총장의 기여가 크다고 본다.

마찬가지로 비록 촌스럽고 어색하지만 정확·명료한 지도자의 소통 능력 덕분에 부하들이 입을 수도 있었던 큰 피해를 막은 경우도 있다. 바로 월남전에 중대장으로 참전했던 서경석 장군의 유명한 일화이다. 이 일화는 그의 저서인 《전투감각Feel for Combat》[10]이라는 책에 담겨 있는데 그의 월남전 경험담이 기록된 이 책은 대한민국 모든 초급장교들의 필독서가 되었다.

유명한 일화라는 것은, 그 책에 나오는 서경석 대위(당시)의 엉터리 영어와 관련된 이야기이다. 본인도 창피했는지 이 일이 있은 후부터는 영어 공부를 열심히 했다고 한다. 아래의 영문은 적군과 아군이 서로 섞여 피아를 구분하기 힘든 있는 상황에서 아군(월남전 참전 국군 중대)을 도우러 온 미군 전투기 조종사와 서 대위가 무선 교신을 한 내용이다. 말이 안 통할 듯했지만 통했다. 그의 뜻은 명료하였고 미군 조종사도 확실히 알아들었으며 결과적으로 아군을 구했다.

You see green smoke, smoke inside my soldier, You no fire,

Smoke outside enemy, you fire. Mountain enemy, you fire.

즉, 근접항공지원CAS을 위해 날아온 미군 전폭기의 조종사와의 대화 내용인 것이다. 내용은, "녹색 연막을 보면 쏘지 마라, 내 병사들이 있는 곳이다. 연막 밖에 있는 것은 적군이니 쏴라. 산에 있는 것도 적군이니 쏴라."

거창한 지도자만이 지도자가 아니다. 100여 명을 이끄는 지도자가 수십만을 이끄는 지도자, 수천만을 이끄는 지도자로 성장한다.

02
우리 사회의 말과 리더십

• • • •

인간이 말 한마디 없이 하루 종일 견디는 것은 쉬운 일이 아닐 것이다. 하지만 말이라는 것은 너무 많아도 짜증이 나고, 너무 없어도 마찬가지로 짜증이 난다. 그리고 너무 많은 말은 혼란을 부르고, 너무 적은 말은 오해를 부른다.

짧은 말Short talk이라는 영어 단어가 있다. 우리말로 번역 되어 있지는 않은 것 같은데, 그 의미에 대한 감은 잡고 계실 것으로 판단된다. 'Short talk'이란 통상의 대화 중 인사치레 혹은 서로 간의 긴장감을 풀기 위한 짧은 대화를 말하는 것인데 이것은 향후의 긴 대화를 위한 워밍업 혹은 아이스-브레이킹ice-breaking(서먹서먹한 상황을 해소하기 위한 대화)용으로 사용하기에는 안성맞춤이다. 하지만 대화 전체를 처음부터 끝까지 Short talk으로 구사해서는 안 된다. 인사라는 것은 매우 예절 바른 행위이지만 때로는 진심이 드러나지 않는 가식으로 보이기도 한다. 문자 메시지나 카카오톡도 Short talk의 한 형태로 분류될 수 있다. 이러한 문자 메시지는 사용자 자신도 모르는 사이에 시간이 오래 걸리는 대화보다는 짧고 압축된 대화에 익숙해지도록 강요되는 측면도 없지 않다.

예를 들어, 누군가가 나에게 "잘 지내니? 별일 없지? 오늘 비가 많이 왔죠? 밖이 춥죠? 덥죠? 식사하셨습니까? 애들은 잘 큽니까?" 등의 말을 건넸다고 치자.

필자는 이러한 질문에 대하여, 대답할 의지가 별로 없다. 진짜 궁금해서 묻는 것인지 아니면 할 말이 그렇게도 없어서 던진 상투적인 빈말인지 몰라서이다. 그냥, "잘 지내, 별일 없어, 네 추워요. 잘 크다마다요"라고 답하면 그만이고 분위기도 더 좋아질 텐데 통 거짓말을 못하겠다.

이런 Short talk에 대한 나의 대답은 항상 이렇다. "정말 궁금해서 묻는거여요?"

우리가 안녕하지 못한데 안녕하다고 답한다면 거짓말이다. 그렇다고 해서 안녕하지 못하다고 답변하는 것도 예의가 아니고 상대방에게 불필요한 불편함을 끼치게 된다. 물어본 사람만 뻘쭘해진다. 이쯤 되면 아이스 브레이킹이 아니고, 두 사람 사이를 썰렁하게 만드는 아이스 메이킹ice making이다.

소통이 불통이 되고 불통이 고통이 되는 사회 그 끝은 어디일까?

말은 분명해야 한다. 사람이 부실하면 말도 부실해진다. 말이 불분명하면 상대방을 혼란에 빠뜨린다. 혹은 말이 너무 많다는 것 또한 내뱉는 말 중에서 쓸데없는 말이 많다는 것이다. 그런데 인간이 과연 쓸데 있는 말만 하고 살 수 있을까?

말이라는 것이 참 어렵다. 때와 장소를 잘 가려야 하니 말이다.

우리나라 사람들은 말이 서툰 편이다. 우리 민족성이 순수해서 그런 것 같다. 말싸움을 잘 못한다. 그냥 진짜로 싸우고 말지.

한국인들은 양반다리문화 때문인지 돗자리문화 때문인지 온돌

문화 때문인지 잘은 모르겠지만 의자가 아닌 바닥에서 앉아 생활하는 문화에 많이 익숙하다. 식당에 갔을 때 바닥에 앉아서 먹는 문화를 한국과 일본 외에 다른 나라에서도 본 적이 있는가? 있긴 있겠지만 거의 없을 듯하다.

서양인들은 바닥이 아닌 의자에 앉는 것도 모자라, 서서 이야기하는 것을 선호한다. 이유는 잘 모르겠지만 상대는 서있고 나는 앉아 있다가는 상대방에게 기습적으로 공격당하기 쉬워서일 것이다. 옛날 서양에서는 음식을 먹을 때 사용하는 식기들 중에 접시나 대접은 있어도 포크와 나이프는 따로 없었다고 한다.

직접 자기가 소지한 단도로 고기를 자르고 더러운 손으로 집어 먹었다. 그래서인지 식사 도중에 싸움이라도 나면 소지한 단도가 그대로 무기가 되었다. 그러면 내 집에 상대방을 초청해서 함께 식사하자고 할 때에 상대방이 자기 무기를 가지고 들어오지 못하게 하는 방법으로는 어떤 방법이 있을까?

아하, 집집마다 접대용 포크와 나이프를 미리 준비해 두면 된다. 좀 무디고 작은 것으로 마련해 두면 된다. "식기를 가지고 오시느라고 고생하지 마시고 각자 집에 두고 오세요. 빈손으로 오시면 됩니다. 다 준비되어 있습니다."라고 하면 서로 간에 밥 먹으면서 서로를 경계할 필요도 없을 것이다. 그리고 서서 먹지 말고 우리 모두 다 앉아서 함께 마음 놓고 먹자는 것이다. 이러면 말 그대로 "집처럼 생각하고 편하게 드세요Feel your self at home."가 실천된다. 여기에서 서양 식탁의 포크와 나이프 및 식사예절이 생겼다는.

서양 사람들은 서서 토론한다. 그리고 웬만해서는 싸우지 않는다. 괜히 싸우다가 총에 맞아 죽을까봐 겁이 나서 잘 싸우지 않는다는 것이 사실일 것이다. 언쟁이 커지더라도 결코 우리나라 방식으로 싸움이 나지는 않는다. 저속한 욕이 막 튀어나오고 바로 저주를 퍼붓지는 않는다. 미국 영화 속 대화를 보고 미국에 가서 그대로 따라 하다가는 봉변당하기 십상이다.

반면, 우리의 특징은 이렇다.

앉아서 이야기하다가 누군가 일어서면 쌍욕 몇 마디로 시작해서 곧바로 주먹질 싸움이 된다. 술자리에서 앉아 있던 사람이 갑작스럽게 일어나는 것은 토하러 가는 것이거나 집으로 도망가는 것 혹은 누군가를 때리려고 일어나는 것이다(급히 일어나 남들이 하기 전에 자신이 술값을 계산을 하려는 기특한 사람도 있긴 하다).

우리 한국인들은 중간이 없다. 서로 인사치레하며 고분고분하다가 조금만 언쟁이 높아지면 따지다가 안 되면 바로 욕설과 주먹질로 변한다. 토론으로 이기고 지는 것이 아니라 기싸움이 더 중요하며 논리보다는 말발이 더 앞서야 이긴다. 자국의 국민 욕한다고 필자를 탓하지 마라. 필자도 실제로 벌어지는 장면들을 텔레비전 방송을 통해 보고 배운 것이다.

국회의원이나 대통령 후보 간의 토론도 앉아서 하는 방식이 아닌 서서 토론하는 방식을 취하여야 할 것이다. 지도자 후보들을 불편하게 하려는 의도가 아니고, 후보들이 하는 말뿐만 아니라 무대 위에서 연출되는 이들의 자연스러운 움직임을 보고 싶어서이다. 입만 움직이는 것이 아니라 몸놀림의 민첩성, 힘, 공간의 활용능력, 제스처, 상대 후보와 관객들에게 다가섰다 물러서는 신체언어, 눈앞의 원고에 의존하지 않고 상대를 보며 당당하게 말하는 능력 등. 이제는 이런 것들도 관찰해 보고 싶다. 앉아 있는 사람은 돈 꿔주는 사람이고 서 있는 사람은 돈 빌리러 온 사람이라고 했던가?

지도자감이 따로 있는 것이 아니다. 우리 모두가 지도자감이다. 백성이 바로 서야 왕도 바로 서고 밭이 좋아야 좋은 결실이 나고 물이 좋아야 선한 물고기가 살 수 있다. 누구라도 지도자감이 될 수 있도록 기본 교육이 이루어져야 한다. 초·중·고등학교 12년간 우린 무엇을 배웠는가 싶다. 인생살이의 가장 기본이 되는 대화, 표현, 소통을 도대체 어디에서 배워야 하는가?

더 이상 낯 뜨거운 국정원의 지도층 뒷조사, 여의도의 찌라시 루머, 각종 헛소문과 악성루머, 흑색선전(네거티브) 등 상대 후보에게 흠집 내기 작전에 의존하여 선거를 치르지 말고 공정한 검증 위원회를 구성하여 모든 후보들이 다 계급장을 떼고 완벽하게 벌거벗은 채로 모든 것을 보여주며 국민 앞에 서야 할 것이다.

여러 가지 표현 및 소통 방법들 중에서도 인간은 말이라는 소중한 자산을 가지고 있다. 동물이었다면 피하지 못할 비극적 상황을 인간은 말을 이용하여 벗어날 수 있다. 말은 인간끼리의 전쟁을 사전에 막을 수도 있으며 더 큰 피해를 사전에 차단해 주기도 한다.

서먹서먹한 상호간의 관계를 부드럽게 바꾸어 주는 것도 말이다. 그러니 말 잘하는 사람을 뽑을 수밖에 없는 것이다. 말을 잘한다는 것이 말을 많이 하는 것이 아니란 것, 또 말만 청산유수로 잘한다고 말 잘하는 사람이 아니란 것은 독자 분들께서 더 잘 알고 계실 것이다.

그래도 역시 막말하면 정치인들이다. 과거 우리나라의 일부 지도자들은 물론 국회의원 선거에까지 진출한 인물들은 물론이고, 도널드 트럼프 미국 대통령 그리고 필리핀의 로드리고 두테르테 대통령까지 요즘은 막말 전성시대인 듯하다.

2016년, 미국의 대통령 선거 투표 결과가 나온 날, 선거에서 패배한 힐러리 클린턴 후보는 패배를 인정한 듯, 겸손하게 공식석상에 등장하여, "트럼프의 당선을 축하하고 진정으로 돕겠다."고 말한다.

말이야 그렇게 했지만 그날 밤 친구에게 전화를 해서 울었다.[11] 얼마나 울먹였는지 친구는 힐러리의 말을 알아듣기 힘들었다고 측근은 전한다. 아무튼 대략의 전화 대화 내용은 'FBI 국장 때문에 떨어졌다고도 했고 대통령(오바마)이 도와주지 않았기 때문'이라며 원망했다고 한다. 오바마가 안 도와줬나? 남 탓하는 건 미국 대통령 후보나, 퍼스트레이디나, 미국 정권의 제2인자인 국무장관이나 한국 정치인들이나 크게 다르지 않은 공통점인 듯하다.

정치인들이 인기몰이를 위해 얼마나 위험한 논리를 사용하며, 국민들은 순진하게도 선동 당하기도 하고 정반대로 일부 국민들이 정치인들을 억지로 부추겨서 정치인의 의도와는 전혀 다른 위험한 곳으로 몰아가는지를 우리 사회에서 쉽게 볼 수 있다. 정치인들은 한번 포착한 먹잇감은 절대 놓치지 않기 위해 야비한 하이에나처럼 잔인한 야수의 본성을 지녀야 한다.

우리의 정치는 한恨의 정치요, 분노의 정치요, 복수의 정치라는 말도 있다. 한 치도 양보하기 어려운 한과 한의 대립, 복수와 복수의 반복 그리고 동족상잔의 비극의 정치이다. 우리에겐 무언가 알지 못할 한이 맺혀있다.

"노란 리본 좀 안 달면 안돼요? 지겨워서 그래."

"본인의 자식이 그 일을 당하는 날이 있을 겁니다."

03
말과 말의 대결

• • • •

말은 영향을 끼친다. 좋은 말은 좋은 영향을, 나쁜 말은 나쁜 영향을 끼친다고들 한다. 우리 주변에서 들리는 짜증내고 화내는 큰소리, 빈정거리는 말투, 대놓고 하는 욕질 등 때문에 마음이 불편할 때가 많고 하루 종일 불쾌한 경우도 있다. 잘은 못하지만 필자도 대놓고 욕 좀 해 보겠다.

욕을 많이 먹은 닭은 스트레스를 받아 알을 잘 낳지 못한다고 한다. 욕을 먹은 사과나무의 열매 맛은 왠지 좀 씁쓰름하다고도 한다.

칭찬은 고래도 춤추게 한다고들 하지만, 어릴 적부터 욕만 먹고 자란 고래는 커서 새우한테도 기가 죽는다. 먹는 물을 컵에 떠놓고 욕을 실컷해주면 육각수가 아닌 욕각수가 된다고도 한다. 그런 물로 목욕을 한다면 정말 반신욕을 하다가 물에서 나온 기분일 것이다.

그런데 우리 인간만이 그런 욕에 대한 저항력이 상당히 강하다. 아니, 오히려 욕이 장수식품이라고도 한다. '욕을 많이 먹으면 오래 산다.'는 말도 있지 않은가? 그래서 서로 간에 장수를 기원하며 욕질을 해주는 것인지도 모른다.

굳이 욕으로 분류되지는 않더라도 우리가 함부로 사용하는 막

말은 많다. 그렇다면 그러한 막말들이 실제로 그 사람의 인격을 반영할까? 여러분은 진짜로 그 사람의 말투, 사용하는 단어, 억양, 소리 등등이 그 사람의 인격을 반영한다고 생각하는지?

사투리를 안 고치고 사는 사람들은 고집이 센 건가? 굵고 강한 목소리를 내지 못하고 연약한 아기 목소리로 연설하는 후보는 과연 지도력이 떨어지는 것일까? 내성적이거나 성장기의 오랜 기간 동안 큰 소리를 안 내고 자기수양만 해온 남성들의 경우 목소리가 가늘어진다는 의견도 있다. 다양한 화법話法과 화술話術에 대한 검토가 중요하긴 할 것이다. 어찌되었건 언변이 좋은 사람들이 우리 사회에서 기본 점수는 먹고 들어간다. 하지만 좋은 화법을 배울 기회가 거의 없다.

비꼬는 말을 가장 많이 배우는 곳이 가정이고, 쌍욕을 가장 많이 배우는 곳이 학교이고, 갈구는 말을 가장 많이 배우는 곳이 군대이다. 직장에서는 특이하게도 거짓말을 가장 많이 배운다. 극단적이지만 차라리 12년 기본교육을 폐지하고 군대도 없앨까?

말의 중요성을 알려주는 '말과 관련된 속담'들이 제법 많다. 우리나라의 정치사와 역사, 심지어는 우리의 가정사에까지 모두에 적용되는 속담들이다. 어쩜 이리도 구구절절이 맞기만 한 걸까?

> 가는 말이 고와야 오는 말이 곱다.
>
> 귀신 씨나락(볍씨) 까먹는 소리 한다.

씨나락은 볍씨다. 제삿밥 얻어먹으러 온 귀신이 제사상에 먹을 것이 없어 곡간에 가서 볍씨를 까먹었다는 뜻이다.

낮말은 새가 듣고 밤 말은 쥐가 듣는다.

우이독경, 쇠귀에 경 읽기, 한 귀로 듣고 한 귀로 흘린다.

사람이 아닌 담벼락과 이야기하는 꼴이다.

빈 수레가 요란하다.

말이 씨가 된다.

말 한 마디에 천 냥 빚도 갚는다.

물은 깊을수록 소리가 없다.

발 없는 말이 천리 간다.

범도 제 말 하면 온다(더니), 양반은 아니구먼.

사돈 남(의) 말 한다.

입은 비뚤어져도 말은 바로 해라.

입술에 침이나 바르고 말하지.

침도 안 바르고 청산유수로 거짓말 한다는 뜻이다.

한번 뱉은 말은 주워 담을 수 없다.

흘린 물은 주어 담을 수 없다는 속담도 같은 뜻으로 사용된다.

2016년의 클린턴 대 트럼프간의 미국 대통령 선거전에서는 비교적 많은 막말이 등장했다고 한다. 언론은 트럼프라는 미국 정치권의 아웃사이더의 등장 때문이라고 평한다. 아웃사이더라는 용어의 정확한 의미는 모르겠지만 천대받거나 도외시되어 온 사람 혹은 제도권 밖에 있는 사람을 뜻하는 듯하다. 농담이지만, 아웃사이더의 반대말은 '이웃-사이더'일까? 웬일인지 미국의 45대 대통령 선거가 끝났음에도 요즘 미국에서는 막말이 연일 튀어나오고 있다. 페어플레이의 정신을 가지고 있다고 자화자찬하는 미국인들이 대통령 선거의 결과에 승복하지 못하고 법석을 떠는 모습은 자주 보기 어려운 진기한 장면이다. 미국도 분위기가 어수선한 모양이다.

오랜만에 막말이 오고간 선거전. 2016년도의 미국선거를 분석해 보면, 언론에서 드러난 것과 미국 국민들이 실제로 피부로 느낀 것의 차이가 무엇이었는지를 되새겨 볼 수 있다.

지도자들의 인격이 어떠해야 하는지, 지도자들의 말은 어떠해야 하는지, 국민들은 어떤 점을 중점적으로 관심을 가지고 보며, 국민들이 지도자에게 진정으로 바라고 있는 것은 무엇인지를 우리는 캐치할 수 있어야 한다. 지도자의 말은 그들이 사용하는 단어 하나하나에서부터, 그들의 말 습관과 어투, 이야기를 이끌어가는 방법 및 이야기 속에 담겨있는 커다란 밑그림까지 들여다보아야만 한다.

막말을 하지만 현명한 지도자도 있고, 말은 곱고 멋지게 하지만 멍청한 지도자도 있다는 사실 정도는 미국 국민들도 느끼는 모양이다.

오바마 전 대통령의 고별 연설이 있는 날, 국민들(필자가 볼 때에는 민주당 지지층들이다)이 그의 퇴진을 엄청나게 서운해 하는 것을 보았다. 실제로도 떠나가는 대통령의 지지율이, 갓 대통령에 당선된 사람의 지지율의 2배 가까이 육박했다고 미국 언론은 발표했다. 떠난다니 반가워하는 것인지 아니면 구관이 명관이라는 속담을 미국인들도 알고 있는 것인지? '박수칠 때 떠나라? 떠나니까 박수친다?'라는 파라독스逆說가 떠오른다.

과연 미국 언론이 보여준 대로 오바마의 치적은 대단한 것일까?

버락 후세인 오바마 주니어Barack Hussein Obama, Jr의 임기는,

2017년 1월 20일 미 의회 의사당 앞에서 대통령 당선인인 도널드 존 트럼프Donald John Trump가 대통령 취임 선서를 한 후 까지다. 대통령 당선자의 선서가 끝나면 오바마가 아닌 트럼프가 대통령이 되는 식이다. 미국 대통령의 임기는 이렇게 수만 분의 1초 사이에 인계된다. 소리보다 빠르고 빛보다도 빠르다. 그렇다. 선서를 하기 위해 들어 올린 손을 내리는 순간부터 모든 것은 그 사람 책임이다.

미국의 텔레비전 방송인 CNN에서 제작한 〈오바마 대통령의 유산The Legacy of Barack Obama〉[12]라는 프로그램을 한번 들여다보자. 그가 무슨 유산을 남겼는지 즉, 재산을 많이 남겼는지 아니면 빚만 남겨준 것인지를 살펴보자.

이 프로그램을 살펴보는 이유는, 지도자들의 토론회에서의 단순한 화법이나 연설에서의 말투나 선택한 용어를 살펴보자는 것이 아니고 뒤에 언급될 예정인 지도자가 보는 큰 그림Big Picture이라는 것이 대략 어떤 것인지를 알아보자는 것이다. 대한민국의 국내 성책에 대하여는 국민들이나 위정자들이 예민한 반응을 보일 것 같아서 언급을 자제할 수밖에는 없으며, 반기문 전 유엔 사무총장의 말대로 국내에는 큰 그림을 가진 지도자들이 별로 없다.

미국 제44대 대통령 오바마의 업적을 큰 주제별로 알아보자.

첫째는 의료법 문제이다.

이전의 미국 대통령 중 상당히 여러 명인 7명의 대통령들이 시도하였으나 모두 실패한 전 국민 의료보험의 개혁을 시도하여 법률을 통과시켰다. 물론, 트럼프 대통령이 이 결정을 뒤집을 수는 있다고 한다. 졸속 처리라는 욕을 엄청 먹었지만, 끈질기게 각계인사들을 설득하며 노력하는 모습을 보였다고 한다. 오바마의 치적으로 남게 되었다.

둘째는 총기 문제이다.

오바마는 총기자유화를 반대했고, 트럼프는 계속 허용하겠다고 말했다. 그러나 유난히도 오바마 때에 어처구니없는 대형 총기사고가 많이 발생하였다. 총기 소지 지지자들의 논리는 이렇다, "나쁜 놈들이 총을 가지고 있는 한, 좋은 사람들도 총으로 무장해야한다." 미국 국민들은 오바마 전 대통령이 전국민 의료보험보다는 총기규제 문제에 더 심혈을 기울였어야 한다고 말한다.

셋째는 전쟁 문제이다.

오바마가 전쟁을 안 한 것 같지만, 오바마 때에도 심한 전쟁이 있었다.

그는 제2의 베트남전이 될 것 같은 이라크 전쟁에서 빠르게 발을 빼고자 2011년, 이라크 내의 미군을 모두 철수시킨다. 그렇지만 그가 전쟁을 멈춘 것은 아니다. 오바마가 '드론drone 대통령'이란 별명을 얻은 사건이 있었는데, 당시 CIA와 협력하여, 초정밀 전쟁을 이끌게 된다. 비록 민간인 피해자도 많았지만, 알카에다의 괴수라는 혐의를 받고 있던 오사마 빈 라덴을 제거하고 많은 알카에다 지도자들을 저격·처단하여 국민들의 인기를 잠시 동안 한 몸에 받는다. 오바마Obama가 오사마Osama를 제거했다는 피켓도 거리에 등장한다.

하지만 이것도 잠시, 더 악랄한 상대인 이슬람 스테이트, 즉, IS가 등장함으로 인하여, 2016년 대선 유세 중에 트럼프는 '당시의 국무장관이던 힐러리가 IS를 잉태했다'라고 비난 하기도 했다.

넷째는 환경 문제이다.

오바마가 상원의원 시절부터 무척 관심을 보였던 분야가 환경 분야이다. 알래스카 제일 서쪽의 마을이 기후 온난화로 파괴되어가는 것을 보고 무척 가슴 아파했었다. 시스마레프Shishmaref라는 마을로 대표되는 알래스카 변방의 작은 동네들이 지구온난화로 파괴되어 갔다. 오바마는 온난화 문제를 끈기 있게 제기했으나, 경제 문제를 환경보다 우선시하는 경제 제일주의를 열망했던 미국 국민들의 여론에 밀려 환경 문제는 일곱 번째 관심사로 뒤쳐지고 말았다. 이에 오바마도 더 이상의 노력을 기울일 수가 없었다. 물론 환경 운동 옹호론자인 오바마가 무서웠는지, 후발 환경오염의 주범 국가인 중국 당국자들은 환경 관련 국제회의에서 오바마의 임기 내내 그를 피해 다녔다는 일화가 전해진다.

다섯째는 동성애 문제와 낙태 자유화의 문제이다.

종교의 자유가 있는 국가라고는 하지만 태생이 기독교 국가인 미국인들의 정서를 미처 파악하지 못했다(대통령 선서를 할 때에 한 손은 들고, 다른 한 손은 성경에 대고 한다). 물론 종교의 자유가 허락된 세속 국가이기 때문에 세계의 모든 다양한 종교단체가 대부분 모여 있고 무신론자가 가장 많은 곳도 미국이라지만 서구 사회의 뿌리 깊은 기독교 문화는 무시할 수 없는 문제였다.

그럼 마지막으로 그의 임기 내 업적에 대한 전체적인 평가를 내려 보자.

평론가들은 총기 규제 문제에 집중해서 한 가지의 큰 업적만이라도 이루었어야 한다고 지적한다. 전반적으로 오바마 전 대통령은 임기 8년 동안 제대로 한 일이 거의 없는 것으로 나쁘게 평가된다. 2016년 대선, 미국 국민들은 '사람'을 보지 않았다. 민주당 그 자체가 심판대에 오른 것이다. 특히 예민한 사항인 이민자 대우 문제에 관한 여론은 더욱 좋지 않았다. 미국 대통령이 미국 국민에게 잘해야지 다른 나라 국민에게 잘하면 무엇 하겠는가? 미국에서 이미 시민권을 취득한 난민들조차도 오바마가 아닌 트럼프를 찍었다는 이야기가 있다. 기득권이라는 것은 그만큼 무서운 것이다. 멕시코를 떠나 미국에 와서 미국 시민권을 부여받은 사람은 스스로를 미국인으로 생각하지 더 이상 멕시코인으로 생각하지 않으니 말이다.

미국이라는 나라가 왜 저러나 의아해 할 사람들이 많겠지만 더 이상 팍스 아메리카나Pax Americana의 시대가 아니란 점을 생각해야 한다. 2017년 초, 미국과 영국은 그들이 더 이상 다른 나라에 영향을 줄 수 있는 경찰 국가의 역할을 할 수 없다고 조용히 언급한 바 있다.

무모한 국제주의internationalism는 고질적인 지역주의regionalism 만큼이나 곤란한 문제를 야기할 수 있다. 남고 넘쳐서 나누어줄 수는 있겠지만 자기 새끼 먹일 음식도 모자란 판에 남의 집에 식량을 대줄 수는 없는 노릇이다. 인기 영합적 대중주의populism처럼, 대중주의적 국제주의는 미국을 국가 부도의 위기로 몰아넣을 수도 있다. 위선을 떨며 체면치레하다가 속 빈 강정이 될 수도 있다는 것이다.

오바마 전 대통령의 별명은 'Do Nothing[13]'이다. 오바마 본인은, "나는 쓸데없는 짓은 절대 하지 않겠다."라고 말했지만, 국민들과 그의 적대 정치세력들은 이 말을, "너는 (제대로) 하는 일이 하나도 없다."라는 의미로 받아들였다. 자국민을 위해서보다는 세계평화를 위해 노력해왔기 때문에 오바마 전 대통령은 미국 대통령이 아닌 세계 대통령이라는 칭송을 받아 마땅하다. 퇴임했음에도 세계 각국에서의 높은 인기 덕분에 여러 나라의 환영 어린 초청을 받아 강연을 다니며 평생 편히 살 수 있을 것이다. 실제로 무의식적 실수인지는 몰라도 본인 스스로 퇴임 후 생활이 '그런 삶이 될 것'이라고 인정하기도 했다.

필자는 대한민국 국민인고로 미국 대통령 좀 비난했다고 잡혀갈 일은 없을 것이다. 하지만 국내 문제에 대해서는 누구나 모두 예민할 수밖에 없다. 특정 후보나 정치인을 비난하고자 쓴 글이 아니기에 더욱 더 그러하다. 꽤 많은 지도자들이 우리나라에 존재한다. 과거이든 현재이든 우리나라는 인물 복이 터졌다. 우리나라 인물들의 특징을 길지 않게 몇 마디로만 표현해 보고 싶었다. 사실 지도자감들이 큰 그림은 없고 그저 고만고만한 같은 말을 다르게 할 뿐, 굵직굵직한 전략적 차이가 없어서 길게 표현하기도 어렵다.

우리 국민들의 표현을 빌자면, 수첩공주, 막무가내, 단순무식, 단순반복, 뻔뻔, 외상이면 소도 잡아먹자, 샌님, 대를 이어 코스플레이, 음흉 그 자체, 생각 없이 말하기, 뺀질뺀질 잘 빠져나가기 등이다. 이런 형태의 비유적, 상징적 표현은 간단하고 함축적이므로 의미나 이미지 전달은 쉽지만 약간은 천박한 표현이라고 볼 수 있겠다.

유권자들이 각계각층의 지도자들을 모두 따라다니며, 그들의 말을 열심히 듣고 받아 적을 시간은 없다. 일반적으로 요즘 사람들은 텔레비전에서 뉴스 혹은 중요한 발표시간에 특정 인물의 말을 듣는다거나 인터넷이나 유튜브를 통해 누군가 편집하여 올린 내용을 보게 될 것이다. 동영상 아래에는 통상적으로 해당 영상을 올린 사람의 의견이 덧붙여 있다. 가령 '누가 누구한테 엄청 혼나는 장면'이라든지, '누가 누구한테 엄청 창피당하는 장면' 혹은 '엄청 공감

가는 사람'이라는 식의 자기들만의 기호에 맞는 하마평下馬評을 한 두 줄씩 달아 놓곤 한다.

하지만 이 글의 목적 자체가, 선입관이나 표면에 드러나는 상대의 장점 혹은 약점이나 겉모습으로 사람을 평가하지 말고 가능하면 객관적인 자료들을 근거로 사람을 바라보자는 것인 만큼, 일단은 누군가의 이름을 부르면서 그 사람에 대하여 연상해 보는 연상기법聯想技法을 활용해 보겠다.

몇 년 후에는 또 달라질 수도 있겠지만, 이들이 현재의 대한민국의 차기 지도자감들이다. 차기 지도자는 꼭 대통령을 의미하는 것은 아니다.

남경필, 유시민, 반기문, 원희룡, 이정희, 이재명, 문재인, 안철수, 안희정, 박원순, 오세훈, 손학규, 유승민, 김무성, 노회찬, 심상정, 황교안, 허경영 등이 있다. 이름만 대도 다들 잘 아는 인물들이다. 혹시 명단에 없는 차기 지도자감님들께서는 기분 나빠하지 마시길 바란다. 개인적 감정 없이 생각나는 대로 적어본 이름들이기 때문이다.

지나간 지도자들의 이름도 한 번 불러 보자. 그들이 남긴 유산을 기리면서…….

이희, 민자영, 조만식, 김구, 여운형, 이승만, 김일성, 박정희, 김영삼, 김대중, 노무현, 이명박, 전두환, 노태우….

시간과 돈 그리고 인력이 허용된다면 향후 빅 데이터를 이용한 메타분석meta-analysis으로 지금과는 전혀 다른 새로운 차원의 구체적인 개별적 인물 분석도 가능할 것이라 기대한다.

이 글은 향후의 자세한 연구를 위한 파일럿 스터디pilot study와도 유사하며, 국가의 지도자를 선택하는 더욱 진보적인 잣대를 마련하는 기초 토대를 구축하는 데 그 목적이 있다. 하지만 아직은 귀중한 자원을 의미 없는 수많은 인물들의 분석을 위해 허비할 여유도 여력도 없다.

그래도 지도자급 인물들이 의식적 혹은 부지불식간에 던진 몇 마디를 이용하여 이들이 조국인 대한민국에 대하여 어떤 밑그림 혹은 큰 그림을 그리고 있는지 감정해 보는 연습을 조금만 해보려고 한다.

발언자와는 상관없이 자주 들리는 정치구호나 토론 내용들을 발췌해 보았다.

대통령이 머슴이다?

민주주의 국가에 계급이 있는가? 지도자는 왕 같은 지배자가 아니지만 리더는 리더이다. 머슴이 뭘 리드하나? 양이 양치기를 치나? 양아치인가?

중국(중공)이 우리의 우방이다?

프로이디안 슬립인지는 모르겠지만, '우리 우방인 미국이나 중국에 대해서도'라는 표현이 등장했었다. 한반도에서 전쟁이 나면 미국은 자동으로 개입하여 남한의 편을 들게 되어 있으므로 표면적으로 미국이 우방이라는 말은 맞다. 그러나 북한이 남한으로 쳐내려오면 중국은 북한을 도와주게 되어 있다. 말 한마디라도 조심해서 해야 할 것이다.

전쟁은 무조건 피해야 한다?

마하트마 간디 저리 가라할 만한 성인인가 보다. 때리면 무조건 맞아야 할까? 당장 편하자고 피한 전쟁이 나중에는 국가멸망을 초래할 것이다.

중요한 토론회에서 주어진 단 몇 분간의 귀한 시간을 지지자의 편지읽기에 할애한 후보도 있다. 감동적이긴 했지만 인기 라디오 프로인 '여성시대'의 편지 사연을 듣는 기분이었다.

각 인물들의 특성을 보는 것도 재미있지만 그들 사이에는 남다른 공통점도 있다. 대부분 추세나 유행 혹은 군중심리를 거스르지 않는다는 점이다. 추세를 비껴간다는 것은 마치 수백 명이 갑자기 밀려 내려오는 지하철 계단을 혼자 거꾸로 역행해 올라가는 것처럼 어렵다. 큰 물살은 거스를 수 없다는 의미이기도 하다. 그래서 그런지 지도자 후보들은 모두 일관성 있게 대중주의populism를 선호한다.

"눈앞에 보이는 수많은 모습들 그 모두 진정이라 우겨 말하면, 어느 누구 하나가 홀로 일어나 아니라고 말할 사람 누가 있겠소? 달리는 기차 바퀴가 대답하려나?"라는 한 대중가요 가사의 여운이 강하게 왠지 귓가를 맴돈다. 가수 밥 딜런의 "the answer is blowing in the wind(대답은 바람결에 흩어지고)"라는 가사도 연상된다.

다들 그렇다. 나라의 곡간을 털고 중산층한테 세금을 받아 나라를 운영하려 할 생각뿐이다. 표만 얻어 당선되면 나라야 어찌되든 상관없다는 식이다. 사실 이런 문제는 지도자의 자질이 아니라 우리 국민에게서 생기는 것 같다. 국민들이 유도하는 것 같다는 뜻이다. 그게 아니라면 지도자감들이 뭔가 크게 국민들의 뜻을 오해하고 있는 것이다.

포퓰리즘의 거센 물결은 그 누구도 거스르지 못했던 서슬 퍼런 군사독재 시절의 파시즘fascism적 거센 물결과 전혀 다르지 않아 보인다.

착한 후보가 한 명 있었는데, 이 후보의 초기의 기본 생각은 꽤 괜찮았었던 것 같다. 전체적으로 세련되고 성숙한 큰 그림이나 정밀한 밑그림을 그리지는 못했지만 사상 자체는 순수해 보였다. 그러나 정치는 역시 표심票心이라, 대중주의에 영합하지 못하니 뻔뻔함과 거짓말이 늘지 않는다면 정치난장판에서 버티기는 힘들 듯하다.

서양의 경우에는, 물론 토론장에 의자와 탁자가 있긴 하지만, 후보자들끼리는 주로 서서 토론을 벌인다. 메모장이나 노트해 온 것을 들고 있지 않고 무대라는 공간과 관객이라는 집단 및 상호 토론자와 교감하면서 걸음걸이 제스처 및 표정을 유권자들에게 그대로 보여준다. 반면 우리나라는 앉아 있는 장면을 많이 보셨을 것이다.

우리의 경우에는 열 마디는 충분히 할 수 있는 시간에 두어 마디 정도를 하며, 논리를 사용하여 서로 싸워 이기는 진정한 토론은 없으니, 준비해 온 원고만 읽는듯하고 마치 서로 간에 동문서답을 주고받는 것처럼 느껴질 뿐이다. 날카로운 토론은 없다. 그저 말발이 세거나 상대방을 기죽이면 그것이 멋진 토론인양 치부된다. 서로 짜온 듯한 대화 아니면 곧바로 상대방 비방이다. 말발로 패싸움의 승패가 결정되는, 2011년 강형철 감독의 작품인 코미디 영화 〈써니〉의 명장면처럼 말이다.

예민한 남북한 문제를 가지고 어떤 후보에게 한번 가상 질문을 해보자. 우리 민족끼리의 문제인지 아닌지를 점검해 보려고 한다.

문 북한이 우리보다 불쌍한 나라라고 생각하십니까? 북한을 도와줘야 한다고 생각하십니까?

답 네, 그렇습니다.

문 그럼 북한에도 민주화가 와야 한다고 생각합니까?

답 네, 그렇습니다.

문 그럼, 북한에 민주혁명이 일어나도록 도와줄 의향은 없으신지요?

답 그런 건 자기들끼리 알아서 해야지 제가 왜 참견합니까?

강대 세력 사이에 끼어, 눈치만 보고 살아야 했고, 옛날부터 겁이 많은 우리 민족의 속 모습을 보는 것 같아서 서글픈 마음을 금할 수 없다. 안타까움과 아쉬움을 주는 지도자들의 모습을 볼 때가 많다. 자치권은 있지만 군사와 외교에 대한 권리는 없이 지내온 지난 1,000년간의 애처로운 모습이 그대로 반영된 듯하다. 그러니 당연히 가사분담 문제로 부부 싸움하는 모습처럼 보일 뿐이다. 과감한 큰 그림이 없다.

언론들이나 토론을 주최하는 기관들도 강대국들의 눈치를 보는 것이 분명하다. 대한민국의 실질적 생존에 필요한 대외정책 및 국방정책은 언제나 토론순서의 마지막에 위치한다. 다른 토론 주제에 밀려 시간이 촉박해지면 생략해도 된다고 생각하기 때문일 것이다. 물론 민생이 중요하지 않은 것이 아니다. 하지만 개인도 아닌 한 국가가 무조건 착하게만 살면 어디에서 이익을 찾을 것인가? 그것이 가능할까? 착한 조폭이란 것이 존재할 수 있을까? 채식 호랑이나 사자가 존재할 수 있을까?

대부분의 지도자들은 문제될 발언을 되도록 자제하는 이유에 대한 변명으로, '외교적으로 민감한 사항이므로 자신의 속을 내비치기 싫어서'라고 말한다. 그렇다면 국내의 수많은 문제들은 예민하지 않은 문제라서 자신의 속뜻을 밖으로 거칠게 내뱉는다는 뜻인가?

중국에 붙어야 할 것인지, 미국에 붙어야 살 수 있을 것인지 우리나라도 과거의 인도, 이란, 북조선처럼 국제사회의 제재를 받아가면서라도 핵무기를 개발해야 맞는 것인지 혹은 전략상 일본과 협력하여 중국을 배신할 것인지에 대하여는 왜 아무도 자신 있게 소신을 말하지 못하는 것인가? 과거 군사독재 정권 시절에는 통일 문제도 자유롭게 토론할 수 없었다. 민주화된 지금도 그런 분위기가 분명 존재한다. 2차 세계대전 전범국가인 일본에게도 허용된 핵재처리 권한조차 없는 것이 우리의 현실이다.

대한민국의 국가안보에 대한 모든 후보들의 공약은 신기할 정도로 똑같다. 자주국방을 이룩하겠다는 주장도 많이 나오고는 있지만 그들이 말하는 자주국방은 무엇을 바탕으로 해서 이룩하겠다는 것인지 이해하기 어려우므로 여기서 다루지는 않겠다.

흥미로운 부분은 군대의 의무복무 기간을 단축시키겠다는 공약이 국가안보에 대한 공약으로 이구동성 가장 먼저 등장한다는 것이다. 주변 국가들이 대한민국의 군복무 기간 가지고 뭐라 하겠는가? 1년을 하든 10년을 하든 뭐라 할 주변 국가는 없다. 그래서인지 가장 무난하게 등장하는 공약이다. 이왕에 아직 군에 안간 젊은 남자들 표심도 잡을 겸해서 말이다.

일단 표만 얻고 보자고 생각한다면 그건 지도자감이 아니다. 하지만 마치 유행처럼 모두들 그렇게 하니 자기 혼자만 지조를 지키다가는 당선될 턱이 없다. 일단 지도자로 뽑히기 위해서는 너도 나도 모두 지키지 못할 약속을 남발할 수밖에 없는 것이 현실이다. 애석하게도 국민의 표심이 나라의 정치를 포퓰리즘으로 몰고 가고 있는 고로, 국민(유권자)이 지도자의 품성을 만들어낸다고 해도 과언이 아니다.

모순의 정치, 원망의 정치, 편 가르기의 정치, 포퓰리즘의 정치에 실망하면서도, 표면적으로 나마 풀뿌리 민주주의grass roots democracy가 존재하고 자리 잡아 가는 것처럼 보여 다행이기는 하지만 그 이상의 미래에 대한 진정한 비전과 리더십은 찾아보기 힘들다.

2장

뽑고 뽑히는 자의 상식

01
국민을 이끌 리더의 덕목

설리 기장과 세월호 선장

• • • •

2016년 9월 한국과 미국에서 동시 개봉된 감동적인 명화가 있다. 우리나라에서는 〈설리: 허드슨강의 기적〉이라는 이름으로 상영된 〈Sully〉라는 영화이다. '설리'는 체스리 설렌버거Chesley Sullenberger[1]라는 비행기 조종사의 애칭으로, 설렌버거의 줄임말이다. 한국 제목과 원제가 다소 다른 것은 동서양의 정서적 차이일는지도 모른다. 우리는 이 영화를 보고 기적이라고 하지만 미국에서는 당시의 결과가 조종사의 능력 덕분인지 아니면 진짜 기적인지 아니면 조종사의 실수였는지를 검증해 내려고 무척 애를 썼다.

마침 영화는 실화를 바탕으로 만들어졌기에 감동이 더욱 컸을 것이다. 많은 한국인들은 이 영화를 보면서, 세월호를 기억했을 것이 분명하다. 기억의 감정은 부러움이었을까, 안타까움이었을까, 아니면 분노였을까?

2009년, 1월 조종사 기장 설리와 부조종사가 조종하는 US 항공사의 1549편,[2] 쌍발제트엔진 의 에어버스 A320-214 항공기에 타고 있던 155명의 탑승객 전원이 비행고도 859m의 상공에서 두 개의 엔진이 모두 꺼진 상태에서도 전원 큰 부상 없이 생존하는 기적이 일어난다.

혹자는 침착하고 책임감 있는 노련한 기장 덕분이었다고도 하고(기장 설리는 전원공급 장치를 비상가동으로 전환시키고 비행유도관의 권고를 무시한 채 근처 비행장으로 회항하지 않고 강 위에 동체 착륙을 시도한다), 혹자는 마침 부기장이 동일 기종으로의 전환 훈련을 바로 마친 터라 비상상황 시의 훈련이 매우 잘 되어 있었기 때문이었다고도 한다(실제로는 당황하여 응급 매뉴얼의 뒷부분이 아닌 앞부분만 보고 잘못 대처했다는 의혹을 받았다).

하지만 설리 기장은 기적적으로 허드슨 강위에 비행기를 안전하게 착륙시켜 자신을 포함한 155명의 생명을 모두 살려냈음에도 비싼 비행기 값을 물어낼 뻔하였다. 물론 사고가 났을 때 비행기 값을 모두 기장에게 책임 지우는 경우는 없겠지만, 적어도 중징계를 받고 기장 자리에서 물러나거나 혹은 평생 조종사 자리에 앉지 못하게 될 수도 있다. 게다가 에어버스 A320-214는 2009년 당시만 해도 최신 기종으로 결함이 별로 없는 나무랄 데 없는 훌륭한 기체였기 때문에 비행기의 결함보다는 기장의 실수 쪽으로 결론이 날 가능성이 높았다.

운이 계속 좋았던 것인지, 설리 기장이 승객들을 대피시키기 위해 보여준 영웅다운 행동과 결단력이 칭송을 받으며 졸지에 국민영웅이 되는 바람에, 비행기의 상태 파악 및 그가 택한 비행 방법이 적절했는지에 대한 전문가들의 조사는 여론의 눈치를 보면서 진행되었다고 한다. 여하튼 눈치를 보건 안 보건 간에 미국의 국가 교통 안

전국NTSB; National Transportation Safety Board 소속 수사관들의 조사는 매우 엄중하고 날카롭게 진행되었다고 한다.

즉, 설리 기장이 사고 당시에 과연 적절히 조치하였는가에 대한 조사였다. 기장을 포함하여 다른 승무원들의 과실여부에 대한 대질신문과 모의비행 그리고 기체에 대한 정밀검사가 시행되었고, 강물에 부딪히는 충격으로 떨어져 나가 사라진 한쪽의 엔진부품을 끈질긴 수색 끝에 인양하여, 부품 하나하나에 대한 정밀검사가 철저하게 이루어진다. 심지어 비행기 엔진 속의 흔적만 남은 새의 단백질에 대한 유전자감식을 통해, 엔진장치 속에 유입되어 엔진을 멈추게 만든 캐나디언 기러기들이, 공항 주변이 아닌 다른 지역에서 날아든 기러기 무리였다는 것까지 밝혀내고 조사를 마친다.

몹시 불편한 질문이겠지만, 한번 아래와 같은 질문을 던져보자.

"세월호 선장이 미국에서 살았고, 설리 기장이 한국에서 살았다면 어떻게 되었을까?"

잘은 모르겠다. 하지만 부정할 수 없는 결론은, 설리와 여객기 승객들이 '엄청나게 운이 좋았다'라는 것이다. 여객기를 탈 때마다 승객들에게 비상시 탈출하는 법을 교육하는 것이 의무화되어 있고 바다 위에 불시착했을 때의 대피 요령도 알려주지만 우리의 예측과는 달리 과거 여객기 사고의 역사를 통틀어, 커다란 날개를 지닌 여객기의 특성상, 물에 비상 착륙한 비행기는 대부분 물과 부딪히는 순간 산산조각 나고 거의 전원이 사망하였기 때문에, 해상착륙 방법에 대한 조종사 훈련은 쓸모가 없는 것으로 판단되어 모의 훈련조차 실시하지 않는다고 한다.

자, 다시 한 번 질문을 던져보자.

허드슨 강에 불시착해 가라앉은 US항공 1549편 비행기. 승객들은 전원 안전하게 구조되었다.

"세월호 선장이 미국에서 살았고, 설리 기장이 한국에서 살았다면 어떻게 되었을까?"

두 사람의 운명은 달랐을지도 모른다. 선장이 나라를 망친 것이 아니라, 나라가 선장을 망쳤다고 볼 수도 있다는 뜻이다. 또 다른 추측은 유사한 선박 사고가 미국이나 일본에서 등에서 발생했을 때에도 탑승객들의 운명이 같았을 것이냐는 것이다.

원래의 세월호의 선장은 엘리트 선장이었다고 한다. 근해에서는 명량해협의 울돌목에서의 이순신 장군 버금가는 항해사였다고 한다. 그의 실적은 이루 말할 정도가 아니어서 청해진해운을 그 선장이 먹여 살렸다고 해도 과언이 아니라고 한다. 2013년에는 청해진해운이 인천광역시가 주는 공로상까지 받게 할 만큼 뛰어난 선장이었다고 한다.

이쯤 되면 이야기는 이렇다. '원래'의 세월호 선장만이 맹골수도孟骨水道를 그처럼 험한 날씨에 통과할 능력을 보유했다는 것이다. 그러나 선장은 다른 사람으로 교체되었고 단원고등학교 학생들도 원래 탑승 예정이었던 '오하나마호'에서 갑작스럽게 변경된 세월호에 탑승한다. 두 가지의 우연 같지 않은 불행의 우연이 발생하고 만 것이다.

대리 선장은 마치 꾸어다 놓은 보릿자루처럼 그 배에 탔을 것이다. 갑자기 바뀐 선장이 몇 시간 만에 배와 승무원들을 장악할 수는 없었을 것이며 기존 선원들에게 항해를 맡겼을 가능성이 높다. 그런데 사람보다 보릿자루가 가장 먼저 배를 빠져나왔다는 것은 참으로 신비로운 일이 아닐 수 없다. 적을 속인 기막힌 전법이 아니라 자기 국민을 속인 기만전술이랄까?

지금으로부터 20여 년이 넘은 예전에 충주호에서 유람선을 타본 적이 있다. 유람선 회사 측은 탑승객의 주민등록번호와 이름을 요청했다. 사고에 대비하여 승선 여부를 정확하게 기록하기 위해서라고 했다. 탑승 인원 전원은 카드를 작성했고 카드는 선착장 사무실에 보관되었다. 이런 기억이 있는 필자는 세월호의 상황을 이해할 수가 없었다. 법이 바뀐 것일까?

해양경찰이 구조 작전에 적극적이지 못했던 이유는 세월호 안에 승객이 많이 타고 있다는 것을 알지 못하였기 때문이라는 주장도 있다. 승객들에게 대기하라는 선내 방송도 비극을 키웠다. 법적으로 연안 해안을 운항하는 배는, 승객들의 숫자를 보고할 의무가 없다고도 한다. 필자는 강에서 유람선을 탈 때에도 탑승객 신고를 했는데 혹시 세월호는 '여객선'이 아니고 '화물선'이었을까?

사고 이후 쏟아져 나온 각종 뉴스들….

세월호 선장은, 2015년 11월 12일 대법원에서 무기징역이 확정되었다.

세월호가 출항 전 배의 수평을 맞추기 위해 사용하는 물인 평형수를 기준치보다 1/4만 채운 것으로 확인됐습니다. 화물을 더 실으려고 했다가 결국 사고로 이어진 겁니다.

세월호 침몰사고 원인은 급격한 회전과 함께 3배 이상 화물을 과적하는 등 복합적인 요인으로 복원성을 상실해 발생한 것이라는 분석이 나왔다.

그러나 세월로 참사 당시, 아이들이 밖을 내다보며 '이제 살았다'며 안도의 숨을 잠시 쉬게 만들었던, 헬기를 타고 사고 수습 초기에 출동한 해경요원들은 잠수 구조 능력을 갖춘 잠수요원이 아니었다. 해경 잠수요원들은 비상사태가 발생하자, 신호도 무시하며 각자의 차를 몰아 항구로 출동하였으며 그곳에서 다시 배를 타고 세월호 침몰 장소로 갔다고 한다.

하지만 당시 한국 해양경찰의 장비와 인원이 부족한 것은 아니었다. 가까운 일본과 다른 점은 일본의 해상보안청 소속의 응급구조팀인 특수구난대特殊救難隊, Special Rescue Team라는 일본 해양경비대 산하의 '재난시 수색 및 구조단'이 존재한다는 것이다. 하네다羽田공항에 일정 인원이 항시 상주 대기하면서, 사고가 발생하면 바

일본 해상보안청 특수구난대(特殊救難隊)의 모습

로 출동한다고 한다.

국외[3]에서 평가된 한국의 세월호 사고의 실상은 이랬다.

> 대한민국의 당시 상황은 소위 '총체적 부실collective insufficiency'이었다.
>
> 선장과 선원들은 무책임하였고irresponsible
> 해운사는 탐욕스러웠으며greedy
> 해양부관리부서는 태만하였고negligent
> 항만직원들은 부주의하였으며careless
> 정부관리들은 부패하였고corrupt
> 해양경찰은 무능력하였으며incompetent
> 국민들은 어리석었으며ignorance,
> 지도자는 무심했다indifference.

세월호의 원래 선장은 이러한 총체적 부실을 미리 직감했는지도 모른다. 점점 밀려오는 부담감에 두려웠을 것이다. 그래서 핑계를 대고 휴가를 냈을지도 모를 일이다. 그의 탁월한 직감력이 정확히 적중했는지도 모른다. 쥐들이 배의 침몰을 미리 예견하듯이.

잠시 다른 이야기지만, 저비용 고효율에 대한 고찰이다. 참으로 좋은 말 같다. 요즘같이 돈이 귀한 세상에서 낮은 비용으로 높은 효율을 낸다면 이처럼 반가운 것이 또 있겠는가? 그러나 세월호 사건은, 바로 이 '저비용 고효율' 때문에 발생했다고 볼 수 있다.

잘 알려지지 않은 산업용어 중에, 백워드 캐퍼시티backward capacity라는 용어가 있다. 우리말로 직역하자면 '뒷쪽의 능력'이다. 어찌 보면 '낙후된 능력'으로 해석될 수도 있지만, 원래는 막시즘Marxism의 'backwards production'[4]에서 그 의미를 찾을 수 있는데, '효율은 떨어지고 환경만 오염시키는' 그런 생산을 말한다.

이 단어가 가지고 있는 의미는, 요즘 한창 발전 중인 중국이나 과거 한국의 삼풍백화점 및 성수대교의 붕괴사고처럼, 빠른 발전을 요구하는 급한 마음과 선진국을 따라가려는 과욕 때문에 모든 일들을 너무나 급작스럽게 진행하고, 그에 따른 선부른 개발이 나중에 큰 후유증을 남기게 된다는 것을 의미한다.

고로, '백워드 캐퍼시티가 없다'는 것은 날림으로 선진국을 쫓아갔다는 뜻이 된다. 즉, '억지로 개발한 것을 되돌릴 수 있는 능력'을 갖추지 못했다는 뜻이다.

양의 무리를 이끈 선한 목자와, 돈 받고 양을 지키며, 양들을 그저 먹을거리인 고기나 치부할 재산쯤으로 생각하는 책임감 없는 목동과의 차이를 보여주는 글을 보며 생각해보자. 즉, 선善한 목자牧者와 삯꾼(일당, 즉 삯을 받기위해 양을 지키는 사람)의 이야기이다.

나는 선한 목자라. 선한 목자는 양들을 위하여 목숨을 버리거니와 삯꾼은 목자가 아니요, 양도 제 양이 아니라 이리가 오는 것을 보면 양을 버리고 달아나나니, 이리가 양을 물어 가고 또 양의 무리를 흩어놓는다.

달아나는 것은 그가 삯꾼인 까닭에 양을 돌보지 아니함이나,
나는 선한 목자라 나는 내 양을 알고 양도 나를 아는 것이,
아버지께서 나를 아시고 내가 아버지를 아는 것 같으니,
나는 양을 위하여 목숨을 버리노라

- 요한복음 10장, 11~15

선한 지도자는 삯꾼이어서는 안 된다. 돈만 받고 폼만 잡는 아예 꾸어다 놓은 보릿자루처럼 되어서는 더욱 더 곤란하다. 자신은 얼굴마담 마냥 앉아 있고 엉뚱한 아마추어들이 헤집고 다니며 일을 다 망쳐 놓게 만들어서는 더더욱 더 곤란하다. 그리고 지도자는 머슴도 아니다. 머슴은 삯꾼이기 때문이다. 머슴이 주인을 위해 목숨을 버리는 일도 간혹 있긴 하지만 그건 아니다. 지도자는 자신의 양떼를 위해 목숨을 버리는 것이다.

고로, 정치가들이 자주 사용하는 표현 중에서, '이 한 몸 바쳐'라는 표현은 받아들일 수 있지만 '국민을 섬기는 머슴이 되어'라는 주장은 받아들이기 어렵다. 앞서도 언급했지만 민주주의 사회에 머슴이 어디에 있으며 머슴이 어떻게 주인을 리드한다는 말인가? 머슴이 가자는 대로 따라갔다가 잘못 되면 주인 책임인데.

지도자는 국민의 머슴이라는 말은 어폐語弊가 많다. 머슴은 문

자 그대로 머슴이지 지도자가 아니다. 왜일까? 지금부터 그 이야기를 시작해 보려 한다.

우리 한국인들은 요즘 갑을 관계를 무척이나 따진다. 하지만 보라. 갑이 을을 괴롭히다가 거꾸로 을이 갑이 되면 또 을을 괴롭히게 된다. 정권이 바뀌면 또 바뀐 정권도 어김없이 갑질을 해댄다.

세상의 이치道는 마치 태극의 운용과 같다. 졸지에 위가 아래가 되고 아래가 위가 된다.

그리고 양이 음이요 음이 곧 양이다. 이것이 태극이다.

음양의 조화와 태극

요즘 한국인들은, '갑을'만 알고, 그 밑에 '병정무기경신임계'도 있다는 것을 전혀 눈치채지 못한다. 특히 지도자들이 그렇다. 즉, 갑과 을만 바뀌고 나머지는 그대로 남게 된다는 의미다. '병정무기경신임계'라는 새우들은 그저 갑을 간의 고래싸움에 등만 터져나갈 뿐이다.

십간	갑甲	을乙	병丙	정丁	무戊	기己	경庚	신辛	임壬	계癸
음양	양陽	음陰	양陽	음陰	양陽	음陰	양陽	음陰	양陽	음陰
오행	목木	목木	화火	화火	토土	토土	금金	금金	수水	수水

십간(十干)

국민이 선하지 못하니, 지도자도 선하지 못한 것이다. 1급수의 깨끗한 물에서만 사는 버들치가 더러운 물에서 살 리는 없지 않은가?

똑같은 실수를 반복하는 국민에게 장래는 없다. 지도자가 갖추어야 할 상식은 지도자가 되고자 하는 사람들뿐만 아니라 국민 모두가 알고 갖추어야 할 상식이고 덕목이다. 비옥한 토양에 뿌리를 내린 풀뿌리에서는 좋은 풀이 자라남은 물론 그런 토양에서는 좋은 나무가 좋은 과실도 맺는다. 풀도 잘 자라고 나무도 잘 자란다. 각종 동물들도 그런 곳을 찾아 깃든다. 풀은 잘 자라는데 나무는 못 자라고 나무는 잘 자라는데 풀은 잘 못 자라는 그런 특이한 토양은 찾아보기 힘들 것이다.

지도자가 되려고 하는 사람들이나, 지도자를 뽑을 국민 양쪽 모두가 알아야 할 것들이 있다. 즉, 지도자란 어떤 사람인가에 대해서이다.

장인匠人정신과 상인商人정신

• • • •

고등학교 1학년에서 2학년으로 올라가기 직전, 문과와 이과 중 한 가지를 선택해야 하는 기로에 선 적이 있다. 학교에서는 세심하게도 어느 쪽이 적성에 맞는가 도움을 주기 위해 전교생을 대상으로 적성검사를 실시했다. 문과 성향이 강하게 나타났지만 고민했다. 지금의 젊은이들과 마찬가지로 장래를 고민해 본 것이다. 당시에 필자는, 상인商人정신보다는 장인匠人정신이 훌륭한 것이라. 짧은 생각에서였겠지만 이렇게 구분했다. 그래서 문과보다는 이과를 선택했는지도 모르겠다.

한국인들은 상인정신에는 매우 능했지만 장인정신은 이웃 일본인들에 비해 훨씬 부족하다고 느껴온 터였다. 달걀을 10원에 사서 25원에 넘겨 15원의 이득을 올리는 것 보다는, 좋은 달걀을 생산해 내는 직업이 훨씬 착한 직업이라고 생각했다. 지금도 크게 다른 마음은 아니지만, 상인정신도 중요하다는 것을 요즘에야 느낀다. 상인정신으로써 갖추어야 할 것 중 가장 중요한 덕목은 고객에게 신뢰받는 것이다. 약속의 신뢰를 깨는 것은 상인정신에 어긋나는 것이다. 상대방과의 약속을 지킨다는 실천이 상인정신의 가장 고귀한 부분이라는 것을 깨달았다. 그러하니 지도자들에게 장인정신은 기대하지 않겠다만 그나마 상인정신이라도 갖추길 바란다.

조선 후기의 풍자적인 인물로 봉이 김선달이 있다. 당시는 사람들이 지금의 공기보다 더 공짜처럼 생각했던 대동강 물을 돈을 받고 팔아먹었다는 이야기는 유명하다. 예산도 생각하지 않고 마구잡이식의 공약을 내세워 국민을 현혹하는 사람들은 지도자가 아니다.

지도자는 사기꾼이 아니다.

이런 경우도 있다. 아기들이 생존하는 데 필수품인 분유 값을 엄청나게 올려놓고서는 은근슬쩍 분유장사에 나선 이집트 군부지도자들의 행태가 생각난다. 2016년 9월 이집트 경제권의 60%를 장악한 군부軍部가 분유에 대한 지원금을 갑자기 끊은 뒤에 그 가격을 3배로 올려 직접 판매에 나선다. 아이들의 생명이 달려있기에 부모들은 억울하지만 울며 겨자 먹기로 그 분유를 사야했다. 지도자는 장사치가 아니다.

솔선수범率先垂範

• • • •

'남보다 앞장서서 행동해서 몸소 다른 사람의 본보기가 됨' 이것이 솔선수범의 사전적 뜻이다. 지도자에게 꼭 필요한 덕목으로 먼저 필자는 솔선수범 정신을 꼽고 싶다.

미국의 알라바마 주州와 조지아 주의 경계에 세워져 있는 군부대인 포트 베닝Fort Benning 내에는 〈나를 따르라〉라는 이름이 붙은 동상이 있다. 'Follow me'는 우리말로는 솔선수범이라 번역한다. '나를 따르라'는 모름지기 리더십Leadership을 축약해서 표현한 대표적 예라고 할 수 있을 것이다.

말 그대로, 앞장서 나간다는 것이다. 지도자는 뒤에 버티고 서서 졸병들에게만 적진을 향하여 앞으로 돌격하라고 외쳐 보았자 달려 나갈 사람은 없다. 그래서 지도자는 필요하고 또 중요한 것이며, 애석하게도 죽을 각오가 아니라면 무리를 이끌 수 없는 것이다.

헐리우드 영화에 길들여져 있는 우리는 가끔 착각을 일으킨다. 전투 때에 싸움의 흥을 돋우고 주도권을 잡아볼 생각으로 양측의 장수들이 대표로 나와 대결은 벌였던 것은 사실이다. 그러나 이것은 전투의 정상적, 즉 정규적인 형태가 아니라 심리전의 일부분일 뿐이다. 전쟁 때에 지도자가 갑자기 적진 안으로 달려 들어가 수많은 적군을 물리쳐서 승리하는 것이 아니었다. 졸병들이 흔들림 없이 일사분란하게 밀어붙여서 승리를 거두는 것이다. 혼자서 적을 모조리 뚜드려 패는 헐리우드 영화는 전 세계를 대상으로 미국의 용맹함을 알리려는 국가 차원의 심리전의 하나일는지도 모른다.

영웅 위주의 역사 기술이 빚어낸 모순은 꽤 많다. 역사서는 아니지만 실제 역사와 관련이 많은 《삼국지연의三國志演義》라는 명작도 마찬가지이다. 영웅들의 이야기로만 장식되었고 전쟁에 끌려 나온

Fort Benning의 동상. 나를 따르라는 솔선수범의 상징은 미군 부대인 포트 베닝에 세워져 있다. 리더십을 배우고 앞장서 나가라는 의미이다.

수많은 백성들과 가장家長, 식구를 빼앗긴 평민 가족들의 애환은 나타나 있지 않다. 단기單騎로 뛰쳐나가 적군을 무찌른다는 것은 영웅일색英雄一色의 무협지적 사고방식일 뿐이다. 실제 전투는 그렇지 않았을 것이다.

인류 역사에서 전투방식의 혁명이 일어난 해는 미국에서 남북전쟁American Civil War(1861~1865)이 벌어진 1861년 이후이다. 미국의 남북전쟁은 북쪽의 미합중국United States과 남쪽의 남부연합Confederate States of America간에 벌어진 내란이다. 남북전쟁을 기점으로 해서 소총의 살상력과 정확도가 높아지면서 더 이상 과거의 밀집형 군사대형(일직선으로 길게 늘어서 양측이 대치하여 밀어붙이는 양상)은 무의미해지며, 이로 인해 밀집 대형은 점차 사라지고 부대를 나누어 분산하여 운용하게 되었고 소규모의 병력을 이용한 게릴라전guerilla warfare도 벌어진다. 즉, 대칭이었던 전투방식이 비대칭적으로 변화를 겪게 되었다는 것이다. 요즘도 비대칭전asymmetric warfare이라는 시사용어가 조금 더 발전된 의미로써 자주 사용되고 있다.

과거의 일직선상의 군사 대형에서의 간부 내지는 장교의 역할은, 부하들, 즉 군사들이 두려움 때문에 흩어져 대열을 이탈하는 것을 어떻게든 막는 역할이었다. 간부들이 소지한 권총이 즉결처분용 혹은 자살용이라는 우스개가 사실은 우스개가 아니다. 당시에는 전열이 흐트러지면 전투에서 패배하는 것이었다. 총알이 날아오고 심지어는 대포알이 쏟아져 이리저리 튕겨대는 바람에 바로 옆의 전우가 짓이겨져 죽어가는 상황에서도 자기 자리를 지켜야만 대열을 유지할 수 있었다. 이럴 때에 대열을 유지시키고 탈영자를 막는 것이 바로 장교의 역할이었다. 하지만 위에서 언급한대로 연발사격이 가능한 소화기와 터져서 파편에 흩어지고 불이 붙는 대포알이 발명되면서부터는 더 이상 밀집된 일자 형태의 군사대형은 유지될 수가 없었다. 일자대형은 자살행위와 다름없었기 때문이다.

부대는 소규모로 나뉘고 그 소규모 부대의 인솔은 초급간부들의 몫이 된다. 외로운 전쟁이 시작된 것이다. 더 이상 다른 간부들의 도움을 받지 못하는 상태에서, 초급 지도자는 자신의 역량을 최대한 발휘하여 부대원들을 이끌어야 했다. 무전기도 발명되기 전이니만큼 이런 곳에서는 탈영을 막지 못한다. 초급간부는 자기 부대원의 손에 죽던지 아니면 적의 손에 죽어야만 하는 딜레마에 빠져버리게 된다. 권총을 휘두르면서 "돌격 앞으로"를 외쳐서는 절대 이길 수 없었다. 직접 소총을 들고 가장 먼저 앞장서서 돌격해야만 부하들이 용기를 얻어 함께 앞으로 나아가게 되었던 것이다. 이것이 바로 "나를 따르라"이다.

결국 초급장교들은 솔선수범의 희생양이 되었고, 전투에서 죽어나간 병사의 수만큼이나 초급장교의 희생도 많았다. 6·25전쟁 당시에 인민군 총알이 "쏘위~ 쏘위~"라는 소리를 내며 날아왔다고 한다. 소위少尉의 몸에 박히려고 말이다.

노블리스 오블리제, '숭고한 의무'

'노블리스 오블리제Noblesse oblige'의 고향은 "이젠 비둘기조차 독일어로 울게 될까요?"라는 울먹거림의 독백으로 유명한 프랑스 작가 알퐁스 도데의 단편 소설인 〈마지막 수업La Dernière Classe〉에 등장하는 알자스로렌Alsace-Lorraine 지역보다 훨씬 더 불쌍한 지역이다.

알자스로렌 지역. 프로이센(독일)과 프랑스 사이에 위치하여 주인이 여러 번 바뀐 갈등이 얽힌 지역이다.

프랑스어 '노블리스 오블리제'는 앞서의 솔선수범의 조금 변형된 형태일 수도 있는데, '고귀한 의무'라는 뜻으로 자주 사용되는 표현이며, 고대 로마인들의 표현인, '고귀하게 태어난 사람은 고귀하게 행동해야 한다'는 말과 일치한다.

노블리스 오블리제의 고향인 칼레Calais 지방은 뒤에 소개될 '덩케르크'와도 매우 근접한 장소이다.

영국과 프랑스 사이에서 그 지배권이 수없이 바뀌어온 칼레 지역

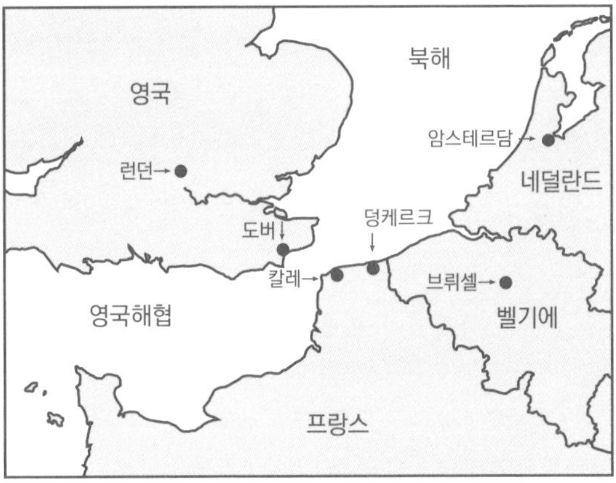

영국과 프랑스 사이의 해협에 위치한 칼레와 덩케르크

은, 백년전쟁(1337~1453)당시 프랑스의 도시로, 영국군에게 포위를 당하여 항복을 권유받으나 거세게 대항하였으므로 영국 왕의 미움을 한 몸에 받게 된다. 칼레는 항복하기 직전 영국 왕 에드워드 3세에게 자비를 구하는 사절단을 파견하나, '칼레시의 전체 시민의 생

로댕 작품, 〈칼레의 시민(Les Bourgeois de Calais, Rodin)〉. 그러나 시민이 아닌 '칼레의 부르주아지'라 부르는 것이 맞다. 시민들을 대신하여 처형당하기를 자청해 나섰던 6명의 부르주아들의 조각상이 세워져 있다.

명을 보장하는 대신 누군가는 그동안의 반항에 대해 책임을 져야' 한다며, '도시의 대표 6명이 시민을 대신해서 처형당해야 한다'는 조건이 내걸린다. 칼레의 시민들이 곤경에 처해있을 때에 칼레에서 가장 부자인 '으스타쉬 드 생 피에르Eustache de St Pierre'가 처형당하기를 자청하였고 이어서 시장, 상인, 법률가 등의 귀족들도 그를 따라 나선다. 그러나 처형을 받기 직전, 스스로 죽음을 자처했던 여섯 사람의 희생정신에 감복한 에드워드 3세는 이들을 살려주고 점령당한 칼레의 시민들도 해치지 않았다.

간부幹部정신과 감투敢鬪정신

• • • •

더 이상의 계급논쟁이 사라진 러시아 혁명(1917년, 1차 세계대전 와중에 발생했다) 이후로는 고귀한 계층, 즉 귀족이 이끄는 군대는 표면적으로는 더 이상 존재해서는 안 되었다. 계급제도가 타파된 민주주의 사회에서도 마찬가지라고 보지만, 영국은 귀족 계층의 권력이 유지되었다.

공산주의 체제하에서는, 지도자상에 약간의 변화가 일어난다. 계급이 사라진 만큼 모든 부대원은 동등한 전사戰士이다. 다른 말로는 동무comrade인 것이다. 그럼에도 상하계급이 아직도 존재하는지 다시 구시대로 돌아가서, 북한에서는 아랫사람들에게는 동무,

윗분들께는 동지라고 구별해 사용해야 한다. 자칫 잘못해서 '지도자 동지'가 아닌, '지도자 동무'라고 했다가는 큰일 난다. 아무튼 계급이 없어졌고, 고귀한 족속인 귀족이 사라졌으니 누가 우리를 이끌 것인가? 고민은 시작되었다.

계급과 특권층은 사라졌지만, 여전히 목숨을 아끼지 않고 앞장서 나아가 줄 지도자는 필요했던 것이다. 이제는 더 이상 특권층들한테 나서라고 할 수가 없었다. 공식적으로 특권층이란 것이 없으며 다들 수용소로 보내져 있었기 때문이다. 그래서인지 일반 국민들에게도 간부幹部정신과 감투敢鬪정신이란 것들이 필요해졌다.

과거의 전투에서는 장수가 쓰러지거나 도망가면 부대 전체가 무너져서 버리기 때문에, '오합지졸'이라는 용어도 만들어졌다. 하지만 근대 및 현대에 들어서면 사람들의 태도가 조금 달라진다. 신기하게도 누가 감시를 하지 않아도, 자신이 지도자가 아니더라도 혼자서라도 용맹심을 발휘하는 사람들이 나타났다.

세계 2차 대전, 한국의 6·25전쟁 중의 미군들은, 대대장이 전사하면 중대장이, 중대장이 전사하면 소대장이, 소대장이 전사하면 분대장이, 분대장이 전사하면 상병과 일병이 부대를 이끌고 지휘했다. 또 일종의 자살폭격인 가미가제神風 현상도 일본군만의 전유물은 아니었다. 미군들도 감행했다. 1900년대 전반기에 살았던 사람들은 지금의 우리보다 용감했던 것 같다.

이것은 집단의 구성원 모두가 감투정신을 가진다는 뜻이다. 북한도 이 정신을 중요시하는지, 전 병사의 간부화를 내세운다. 4대 군사노선이라는 것이 있는데, 이는 북한이 1960년대 초에 제시한 '전 인민의 무장화', '전 군의 간부화', '전 지역의 요새화' 그리고 '전

군의 현대화'이다.

영어로 싸움 정신fighting spirit이라고도 번역되는 이 감투정신은 닭이라는 새가 가지고 있는 다섯 가지 덕德을 의미하는 계오덕鷄五德에서 나왔다는 이야기가 있다. 다섯 가지 덕은, 문文, 무武, 용勇, 인仁 그리고 신信이다. 영전감투위지용迎戰敢鬪謂之勇, 즉, '싸움을 맞이하여서는 물러서지 않고 용감히 싸우며'라는 용勇을 의미하는 말이다. 지도자들이 한낱 닭 한 마리한테도 배울 점이 있다는 뜻이다.

정치라는 것은 솔선수범하며, 또 자신을 따라 함께 해준 백성들의 노고를 치하하고 위로해 주는 것이라고 하였다.

또한 수帥를 솔선率先으로 볼 수 있고, 솔선과 수는 《논어》 위정爲政 편 제20장에서 공자가 계강자에게 솔선수범을 강조했던 "자솔이정 숙감부정子帥以正 孰敢不正", 즉, '당신이 바른 것으로 거느리면 누가 감히 바르지 않겠나' 하는 내용에 등장하며, 위정자의 입장에서 바른 정도를 실천한다면 아랫사람들도 자연히 바른 길을 따라오게 될 것이라는 의미이다. '帥'는 본래 '장수 수'인데, '거느리다'는 뜻으로 쓰일 때는 솔 발음이 되므로, 인솔한다는 의미의 '솔率'과 같은 의미로 볼 수 있다.

솔선의 중요성에 대한 공자의 말을 하나 더 추가하자면, "자신의 몸이 바르면 명령하지 않아도 행하여지고, 자신의 몸이 바르지 못하면 비록 명령을 내려도 따르지 않느니라其身 正 不令而行, 其身 不正 雖令不從"라는 내용이 있는데, 이는 논어論語의 안연顔淵 편에 나온다.

어재연 장군의 리더십

• • • •

신미양요辛未洋擾는 1871년 6월 1일(고종 8년 음력 4월 14일)에 발생한 조선과 미국 간의 전쟁이다. 미국의 해군은 제너럴셔먼호 사건의 책임추궁과 통상 교섭을 명분으로 조선의 주요 수로였던 강화도와 김포 사이의 강화해협을 거슬러 올라왔고 조선 측의 거부를 무시하고 상륙을 시도하여 교전이 일어났다. 3일간의 교전 결과 조선은 광성보[5]가 함락되고 순무중군巡撫中軍 어재연魚在淵(1823~1871)을 비롯한 수비 병력 대다수가 사망하였다.

미국의 해군 육전대(해병대의 전신)는 승전기념품으로 어재연 장군의 수자기帥字旗를 노획해간다. 미국의 조선과 일본에 대한 침탈은, 미국에서 발생한 내란인 남북전쟁을 승리로 이끈 북군인 미합중국 측에서 주도했다고 볼 수 있다. 내부의 문제를 수습한 미국은 곧바로 제국주의의 대열에 합류한다.

이날의 전투는 강화도 일대의 진지 중 한 곳인 광성보에서 처절하게 치러졌다. 얼마나 비장한 느낌을 준 전투였는지는 이 전투에 직접 참가했던 미 해군 중위의 기록에도 나타나 있다. 이 해군 중위는 같은 계급의 전우이자 친구를 그날 잃었다. 바로 사망한 것은 아니고 복부를 칼에 깊게 베여 배로 옮겨져 군의관의 치료를 받던 중 숨졌다고 한다.

강화도의 광성보 앞 모래사장에 상륙한 미군 600여 명의 육전대는 어재연 장군 등 300여 명의 조선 군사들이 방어 중이던 성곽으로 둘러싸인 고지를 향해 진군해 올라간다. 수많은 깃발이 걸려 있는 광성보의 모습은 마치 긴 바늘들이 곤두선 고슴도치 한 마리

전투가 끝난 광성보의 현장. 조선 군인들의 시체가 이리저리 나뒹굴고 있다.

가 웅크리고 있는 모습이었으므로 무척 이국정취를 띤 풍경을 자아냈다. 주변은 고요한데 강 안개 속에 울려 퍼지는 음울한 노랫가락이 6월의 초여름임에도 불구하고 오싹함과 구슬픔을 동시에 자아냈다. 조선의 군가는 서양의 4/4박자 행진곡과는 다른 음색을 지니고 있었다. 조선군들은 마치 자신들의 최후를 직감한 것처럼 이 서글픈 노랫가락을 뽑아내고 있는 것 같았다.

미 해군의 함정들이 정박해 있는 곳까지는 조선의 대포알이 이르지 못했고 상륙을 위해 동원된 보트들과 모래사장에 상륙한 미군들에게는 화승총알이 날아들었지만 위에서 아래쪽을 향하여 쏘아대는 화승총탄들은 미군의 머리 한참 위를 스치고 지나갈 뿐이었다. 고지에 가까이 다가가자 총알이 모두 떨어진 듯 돌이 날아들기 시작한다.

미 해군의 육전대를 이끄는 두 젊은 장교들 중 한 명이, 한손에는 군도를 다른 한손에 권총을 들고 용맹하게 성벽을 넘어 조선군의 진지 안으로 혼자서 뛰어든다. 나를 따르라는 것이다. 그러나 바로 그 순간 벽 뒤에 숨어 있던 한 명의 조선군 무사(어재연 장군의 부관쯤으로 보면 될 것이다. 우리 역사에는 기록되어 있지 않다)가 미군 중위의 배를 칼로 순식간에 베어 쓰러뜨린다. 이 장수는 이어 여러 명의 미 육전 대원들을 상대하며 분전奮戰하다가 장렬한 최후를 마친다. 전투 중 죽거나 다치지 않은 수백 명의 조선군 병사들은 강물로 뛰어들어 목숨을 버린다. 부상자들을 이끌고 배로 돌아간 미군들은 미군이 겪었던 역대 전투 중에서 결코 유쾌하지 않았던 이날의 전투를 이렇게 글로 남겼다.

참전 미 해군 장교의 눈으로 본 그날의 광성보 전투[6]는, 우리 입장에서 적어놓은 전쟁사보다 훨씬 더 비장한 구석이 있어 보인다. 미국군 지휘관은 용맹하다고 감탄했지만 우리에겐 이름조차 남지 않은 조선의 무사, 목숨 바쳐 나라를 지켰던 어재연 장군, 그리고 끝까지 항복하지 않고 스스로 몸을 던져 최후를 마친 조선 병사들의 절개. 그리고 빼앗겼다가 136년 만에 다시 그 자리로 돌아온, 리더 즉, 인솔자를 의미하는 수帥 자가 새겨진 주인 없는 수자기. 그들이 있었기에 우리의 혼이 살아있는 것은 아닐는지.

당시의 전몰한 조선의 군인들의 이름이 모두 잊혀진 것만은 아니다.

어재연魚在淵(중군)

어재순魚在淳(어재연의 친동생)

이현학李玄鶴(대솔군관)

임지팽林之彭(겸종)

김현경金鉉暻(천총)

박치성朴致誠(광성진 별장)

유예준劉禮俊

미군의 기록에만 남은 용맹했던 조선의 군관이 누구인지는 정확히 모르나, 그날의 전쟁터에 있었던 모든 조선인들이 모두가 다 '전쟁에 임해서는 물러서지 않는다臨戰無退'라는 화랑정신의 후계자들이었을 것이다. 이들의 이름이 '쌍충비각'에 남아 있으며, 신원을 확인할 수 없는 시신들은 '신미순의총'에 모셔져 있다.

다음에 나오는 두 기록은 어재연[7] 장군과 그의 동생 어재순[8]에 대한 기록이다.

전 병사前兵使 어재연魚在淵이 순무중군巡撫中軍으로 임명되어, 광성진을 방어하다가 전사하였다. 어재연은 금위여단禁衛旅團을 인솔하고 광성보로 들어가서 배수진을 쳤고, 그는 분연히 칼을 들고 싸우다가 칼이 부러지자 납으로 된 탄환을 쥐고 적들을 향해 던졌다. 그 탄환에 맞기만 하면 적들은 쓰러졌다. 그가 가지고 있던 탄환이 다 떨어지자 적들은 그를 창으로 난자하였지만, 그는 반 발자국도 옮기지 않고 죽었다. 적들은 그의 머리를 베어 갔다. 재연이 이미 전사하였으나 적들은 수비가 되어 있는 줄 알고 모두

도주하였다.

-『매천야록梅泉野錄』

형 재연在淵이 진무중군이라는 막중한 중책을 지고 광성보廣城堡에 농성하고 있다는 소식을 접하고는 본인은 벼슬에 나아가지 않았음에도 불구하고 형을 따라 미군을 격퇴할 결심을 굳히면서 백의종군을 선언하자, 일가친척들은 지금 강화도에는 적선이 바다를 메워 들어갈 수 없다고 하였다. 그러나 "생사는 하늘에 달려 있으니 적이 두려워서 어찌 나라를 구하는 일을 못하랴."라고 마지막 한마디를 남기고 광성보로 달려갔다. 어재연 중군이 아우 재순을 보고 "너는 궁벽한 고을의 일개 포의에 불과한 몸이다. 너는

빼앗겨 배에 실린 수자기(帥字旗). 진중(陣中)이나 영문(營門)의 뜰에 세우던 대장의 군기(軍旗). 누런 바탕에 검은색으로 '帥' 자가 쓰여 있으며 드림이 달려 있다. 오로지 군영(軍營)에서 조련할 때만 썼다. 사진의 것은 가로, 세로 4.5m의 대형 깃발로 신미양요 때 빼앗긴 어재연 장군의 깃발로 확인됐다.

왕의 명령으로 죽는 나와는 다르다. 어찌 빨리 돌아가지 못하겠는가."라고 나무랐으나, 나라를 위하여 충성하는 일에는 신민臣民이 하나라고 말하면서 일신의 목숨을 돌보지 않고 형과 같이 칼을 빼어들고 선두에서 미군과 육박전을 벌이다가 전사하였다.

-『한국민족문화대백과』

동양이 아닌 서양문화에서 "나를 따르라"라는 용어를 솔선수범에 적용한 것은 성경의 구절을 따온 것이다. "가진 모든 것을 다 버리고, 심지어는 목숨까지 버리고 나를 따를 자는 나서라Ἀκολούθει μοι"는 것이다.

ὁ δὲ Ἰησοῦς λέγει αὐτῷ Ἀκολούθει μοι, καὶ ἄφες τοὺς νεκροὺς θάψαι τοὺς ἑαυτῶν νεκρούς.

- 네슬 그리스 신약성경 1904년 판

But Jesus said unto him, Follow me; and let the dead bury their dead.

- King James Bible

예수께서 이르시되 죽은 자들이 그들의 죽은 자들을 장사하게 하고 너는 나를 따르라 하시니라

- 마태복음 8장 22절

하지만, 이러한 예수의 가르침에도 불구하고 서양인들은 예수를

제대로 따르지 않았다. 인도의 독립 운동가이자 국부國父이며, 비폭력운동의 창시자격인 마하트마 간디가 남긴 유명한 말을 들여다보자.

> 나는 너희들의 예수님을 좋아하지만, 너희 기독교인들을 좋아하지 않는다. 너희 기독교인들은 전혀 예수를 닮지 않았기 때문이다.

영국으로 부터 인도의 독립을 이끌어낸 지도자 간디는 비폭력주의 운동으로 기독교 국가인 대영제국을 무너뜨렸다. 역설적으로 이 비폭력정신은 간디가 예수로부터 배운 것이다.

02
지도자를 키우는 국민의 자세

지도자, 유권자의 책임

• • • •

당신의 친인척(친척이나 친구)이 대통령이 된다면? 혹은 국회의원처럼 권력의 자리에 오르게 된다면, 당신은 어떻게 할 것인가?

① 대놓고 갑질하겠다

② 뒤에서 갑질하겠다

③ 나는 그럴 가능성이 전혀 없다

④ 그분께 피해가 가지 않도록 가능한 한 조심 하겠다

⑤ 아예 모르는 척 한다

⑥ 약간 우쭐은 하고 주변에 자랑 정도는 할 것 같다

⑦ 내가 어떤 사람인 줄 알아? 할 것 같다

사실 친인척이라는 것은, 친척親戚은 아버지 쪽, 인척姻戚은 어머니 쪽을 말한다. 친인척이라는 것은 친가와 외가 친척들을 뜻하는 것 같다.

옛날의 왕족 그리고 귀족의 경우에는 아주 예외적인 경우를 제외하고는, 상민들의 친인척이 벼슬에 오를 일은 없었다. 그러하기에 졸지에 왕의 장인이 된 사람이라 던지, 처남이 된 사람에 대한 이야기들은 간만의 흥미꺼리로 야사나 역사에 등장하곤 한다.

온달과 평강공주 이야기처럼 평민이 졸지에 공주와 결혼하게 되어 장군까지 신분이 수직상승한다는 전래 이야기는 유명하다.

또한 현대의 엘리트 독재 국가의 경우에도 역시 마찬가지로, 왕족, 귀족 시대보다는 두드러지지 않겠지만, 엘리트층이나 당원들끼리의 혼인관계가 주를 이루다 보니 권력층 친인척을 두기 어렵다. 마치 현대 한국 사회에의 재벌간 결혼 혹은 재벌과 권력층간의 혼인관계처럼 말이다.

그러나 소위 또는 자칭, 또는 표면상, 민주주의의 근본을 따른다고 주장하는 국가에서는, 그 누구라도 최고 권력가의 친인척이 될 수 있어야 한다. 쉽게 말하면 누구라도 대통령의 친인척이 될 가능성이 있다는 뜻이다. 이쯤 되면 대통령이 될 사람의 자질문제 뿐만 아니라, 대통령의 친인척 혹은 친구가 될 사람들의 자질문제 또한 커다란 문제가 되어버린다.

무엇보다도, 권력자가 된 사람의 친인척 그리고 친구들의 몸과 마음가짐이 참으로 중요하다. 요즘처럼 다양한 인간관계가 얽히는 사회에서는 진실로 이러한 관리가 중요하다. 지도자 자신뿐만 아니라, 지도자의 주변에서 살아온 국민들이 더욱 더 주의하고 조심해야 할 것이다.

나라를 위해서라도, 지도자가 바른 길을 걸을 수 있도록 신경써주어야 한다. 도와주기는커녕 발목을 잡아 넘어뜨리고 낙마시키는 사람들을 우리는 수없이 보아왔다.

물론 대통령으로 지인知人을 당선시킨 뒤에도 주의해야 하지만, 요즘에는 우리나라뿐만 아니라 외국에서도 잘못된 지도자를 당선시킨 책임을 묻거나 혹은 비난하는 소리를, 지도자가 듣게 되는 것이 아니라 해당 지도자에게 표를 던진 유권자들에게 묻는 행태마저 벌어지고 있다.

"(이럴 줄) 알고 찍었겠냐구요~"

"(이럴 줄) 알고 찍었으면서요~"

이것이 요즘의 인사말이다.

그렇다면 프랑스 대혁명Révolution française(1789~1794)이후, 나폴레옹[9]을 지도자로 선택한 프랑스 국민들의 선택은 옳은 것이었을까?

프랑스인들은 그 대혁명을 민주제도의 시작이라며 자랑하지만, 1793년 자신들 위에서 군림하던 왕(루이 16세)을 없애고 그 대신 1804년에 황제(나폴레옹 보나파르트)를 자신들의 위에 앉힌 이상한 사람들이 프랑스 국민들이다. 프랑스 대혁명은 거꾸로 가는 혁명이었을까? 그렇다면 프랑스의 민주화를 도와준 것은 영국이 아닐까? 영국의 아써 웨슬리Arthur Wellesley 웰링턴의 공작公爵이야말로 프랑스의 반동反動 독재집단의 수괴首魁인 나폴레옹 황제를 제거하여, 프랑스의 민주화의 길은 열어준 은인이라고 볼 수도 있겠다.

쿠데타로 정권을 잡은 군인 나폴레옹은, 강력한 내정 개혁 실시로 인기가 높아지자 측근들은 은근히 그에게 황제가 될 것을 권유하였고, 권력에 욕심이 생긴 나폴레옹은 황제 선출여부를 국민 투표로 결정하도록 하였는데, 이런 행위는 명백히 반동행위reactionary 라고 본다. 더 웃긴 것은 프랑스 국민들은 1804년 7월의 국민투표에서 찬성 3,572,329 및 반대 2,569의 압도적인 표차로 황제를 지지함으로써 법이 제정되고 나폴레옹은 1804년 12월 2일에 마침내 즉위식을 거행하여 프랑스 제국의 초대 황제인 나폴레옹 1세가 되었다.

세계적 유명 화가의 유사한 주제를 다른 각기 다른 두 개의 그림을 한번 비교, 감상해보자.

우연하게도, 둘 다 스페인에서 벌어진 반인륜적 사건을 다루고 있으며, 둘 다 스페인 화가에 의해 그려진 작품들이다. 먼저 것은 나폴레옹이라는 사람에 의해 저질러진 학살이 소재이고, 나중 것은 히틀러에 의해 저질러진 학살이 소재이다.

첫 번째 보실 유화그림은 스페인의 화가 프란체스코 고야Francisco Goya가 1814년 그린 〈1808년 5월 3일의 처형The Third of May

프란체스코 고야의 〈1808년 5월 3일의 처형〉

1808〉이라는 작품으로서, 나폴레옹의 군대에 의해 총살당하는 스페인 레지스탕스들을 그린 것이다.

두 번째 보실 그림은, 게르니카Guernica라는 작품으로 역시 스페인 화가인 파블로 피카소Pablo Picasso가 1937년 6월 완성한 작품이다. 게르니카는 스페인의 바스크 지역의 지명地名으로 동년 4월 26일, 히틀러의 나치Nazi 공군부대의 공습폭격을 받아 수많은 사람이 학살당한 사건을 소재로 그려진 그림이다.

피카소의 〈게르니카〉

나폴레옹과 히틀러의 차이점은 무엇일까? 왜 나폴레옹은 국민적 영웅이며 코냑 이름으로도 전 세계에 알려져 있는 것일까? 왜 아돌프Adolf라는 이름을 가진 전 세계 사람들이 세계 제2차 대전 종전이후 부모가 지어준 자신들의 이름을 다른 이름으로 개명해야 했을까? 왜 히틀러라는 이름을 가진 맥주는 해외에 수출되지 않는 것일까?

나폴레옹을 고른 프랑스 국민들은 현명한 선택이었고, 히틀러를 고른 독일 국민들은 그 책임을 통감함은 물론이고 히틀러가 잘못한 죄까지 뒤집어써야 맞는 것일까?

만약, 독일이 승승장구하여 이겼더라면? 독일이 얌체같이 폴란드만 딱 점령하고 전쟁을 끝냈다면(폴란드 점령까지는 모든 주변국들이 침묵을 지켰으며 소비에트연방과는 군사동맹이었다)? 혹은, 벨기에나 네덜란드까지만 점령하고 말았다면? 혹은 스웨덴과 노르웨이까지만 점령하고 말았다면?

프랑스에 대한 기습점령이, 히틀러의 운명을 바꾼 것이라고 본다. 히틀러는 프랑스 점령 이후, 영국과 화해를 절실히 바라고 있었다. 그래서인지 1940년 프랑스 덩케르크Dunkerque지역에서의 영국군 철수작전 때에 히틀러는 338,226명의 영국해외원정군British Expeditionary Force: BEF을 곱게 영국으로 보내준 바 있다. 당시 독일군의 파죽지세의 전격전blitzkrieg 능력을 감안한다면, 곱게 보내준 것이나 마찬가지로 볼 수 있다. 역사적 기록으로는 40,000여 명의 잔존 프랑스 육군이 엄호를 했고, 영국군 희생자도 3,500명이 발생했다고 한다.

욕심이 과해서였을까? 프랑스 점령만 자제했더라도 지금쯤 히틀러는 독일의 나폴레옹이 되어있을 것이다. 아니 그 이상의 존경받는 위인이 되었을지도 모르며 국가의 영웅으로 남았을 것이다. 나폴레옹이나, 히틀러나 스페인에게 한 짓이 똑같고, 러시아 땅에 가서 한 짓이 똑같다는 것이 참 기이하다. 나폴레옹은 코르시카 태생이고 히틀러는 오스트리아 태생이란 점도 독특한 공통점이다. 무엇이 달랐을까?

옳거니, 유대인 학살만 아니었어도 히틀러와 그를 뽑은 독일국민들이 면피免避할 구실은 있었을 것이다.

대한민국의 경우, 현재 우리 국가에서 지도자를 선출하는 방법은 세습되거나 파워엘리트와 같은 폐쇄된 계층에서 선출되는 것이 아닌 만큼, 우리가 우리들 중에서 우리를 이끌어 줄 지도자를 고르는 것이 된다.

과연, 지도자 고르기에 유권자의 책임도 따르는 것일까?

그렇다. 확실히 책임이 있다고 본다. 지도자의 성향도 문제이지만, 그런 지도자를 배출해낸 국민들의 성향도 문제라고 본다. 특히 우리나라는 그런 문제가 더욱 두드러진다.

히어로hero와 히어로인heroine들이 등장하는 영화들이 어린이들과 젊은이들의 인기를 끌고 있다. 미국에서는 스트레스 해소와 애국심 고취를 목적으로 만들어지고, 한국에서는 대리만족을 목적으로 상영된다. 슈퍼맨, 베트맨, 스파이더맨, 어벤져스, 울버린 등 과거 만화책의 주인공들이 스크린으로 옮겨 탔다. 국산 영화들도 국가의 정의와 공권력이 지켜주지 못하는 약자들을 위해 나선 민간 영웅들이 악의 집단들을 제압하고 처단하여 우리를 대신해서 카타르시스를 안겨 준다.

우리는 누구나 이런 영웅이 있어줬으면 하는 기대도 하고, 혹은 본인이 직접 영웅이 되고 싶은 심리도 있다. 우리도 과거에는 홍길동이나 일지매 같은 전설 속의 인물들이 존재했었다. 하지만 어디까지가 이러한 민간 영웅들이 활약해야 할 범위인가?

길거리에서 담배 피우는 사람을 처단? 침 뱉는 사람을 처단? 애완견 끌고 나와 아무데서나 똥 싸게 만드는 사람 처단? 지하철에서

몰카 찍는 사람 처단? 자동차 끼어드는 사람 처단?

법과 질서에 대한 교육, 기준, 준수 그리고 선線과 공평성이 사라진 사회에서는 별별 정의를 앞세운 잔인한 처형이 이루어진다. 현재, 이슬람수니연합국가인 ISIS를 보라, 그들의 정의의 기준은 무엇인가?

만약 우리가 무식하고 편향적인 재판관을 만나게 된다면 얼마나 무서울까? 지은 죄가 전혀 없더라도 어떤 처분이 내려질지 몰라 벌벌 떨게 될 것이다. 진실은 숨겨지고 생존을 위한 눈칫밥만 늘어날 것이 분명하다.

우리 사회의 가장 무서운 적敵들 중 몇 가지는, 콤플렉스와 혐오증이다. 이러한 현상이 집단을 형성하게 되면 가공할 만한 위력을 발휘한다. 특히나 우리 학생들이 꼭 다녀야만 하는 학교에서의 학교폭력과 집단따돌림 현상 또한 콤플렉스와 혐오증에서 기인하는데, 이것은 어느 시대, 어느 지역에서도 고치지 못하는 고질병이다. 스쿨폴리스나 CCTV로도 해결할 수 없는 문제이다. 물론 학교 외에서도 이러한 병적인 현상들이 다양하게 나타나는데, 이것은 우리 국민과 지도자들이 지혜를 모아 해결 할 수 있는 문제들이다. 그럼에도 이러한 가공할 사회현상을 막아주어야 할 지도자들이 오히려 나서서 이를 조장했거나 조장하고 있다면 심각한 문제이다. 권력을 쥐고 있건, 쥘 예정이건 간에 지도자들은 국민의 정서를 잘 살펴줄 의무가 있다.

간단하게 말해서, 지도자들은 국민들 사이에서 집단 혐오증과 콤플렉스 현상들을 조장하지 말아야 한다는 것이며, 이런 행위를 조장하여 자신의 이득을 취하려는 지도자는 소시오패시를 넘어서 사이코패시나 마찬가지라는 뜻이다. 어쩌면 방금 한 말이 글 전체의 주제일지도 모른다. 자신이 사이코패스 수준임을 인정할 정치인들이 얼마나 될까?

그리고 요즘의 국민들이 지도자들과 정치인들에게 느끼는 감정이 공포심인지, 콤플렉스인지 아니면 혐오증인지도 검증해 볼 필요가 있다.

혐오증hatred

• • • •

'미소를 짓다' 이 말만 들어도 절로 미소가 지어진다. 우리말 발음으로는 '미소'이니 만큼, 참 좋은 어감을 가질 것 같은 그리스어가 있다. 바로 miso라는 일종의 접두어로써, 혐오라는 뜻을 가지고 있다. 여성이라는 그리스어인 gyne(지네) 앞에 붙이면, misogyne(미소지내)가 되어 어감은 참 좋다. 하지만 여성 혐오증이라는 뜻이다. Misandry는 miso 와 andro의 합성어로 남성 혐오증이 된다.

다양한 콤플렉스와 혐오증이 뒤섞인 집단 감정은, 역사 깊은 반유대주의antisemitism, 히틀러에 의한 유대인 학살, 터키가 저지른 아르메니아인에 대한 인종청소genocide, 미국인들에 의한 아메리카 인디언 대학살 등의 사건들에서 그 단서들을 충분히 찾아낼 수 있다.

반유대주의라는 반反-세미티즘을 설명하기 위해서는 어쩔 수 없이 구약성경을 들추어 보아야만 한다. 셈Sem을 찾아야 하기 때문이다.

성경에 보면, 노아가 자신의 셋째 아들인 함의 아들, 즉, 손자인 가나안에게 저주를 내리는 것을 볼 수 있다. 함의 아들이 가나안이다. 저주는 가나안에게 내려졌는데, 불은 엉뚱한 셈Sem에게도 튀었다. 유태인 혐오증을 anti-semitism이라 부르기 때문이다.

> 노아가 술이 깨어 그의 작은 아들이 자기에게 행한 일을 알고 이에 이르되 가나안은 저주를 받아 그의 형제의 종들의 종이 되기를 원하노라 하고 또 이르되 셈의 하나님 여호와를 찬송하리로다. 가나안은 셈의 종이 되고 하나님이 야벳을 창대하게 하사 셈의 장막에 거하게 하시고, 가나안은 그의 종이 되게 하시기를 원하노라 하였더라
>
> - 창세기 9장

셈, 한, 야벳은 통상적으로는 언어학적 분류를 위해 사용되는 것이 원칙이나 통설적으로는 셈족은 인디언들을 포함한 아시아인 혹은 중동사람들을 칭하고, 야벳족은 백인 등 서양인들을 칭하며, 함족은 아프리카인들을 칭한다고 본다.

서양 제국들이 아프리카 땅을 찬탈할 당시에 아프리카인들의 문명과 생활을 보고 콤플렉스를 느꼈다고는 볼 수 없다. 혐오증도 한 몫 하였고 공포증도 한 몫 하였을 것이지만, 실질적으로는 노동력 착취의 경제적 목적이 근본 이유였다고 볼 수 있다. 서양의 제국주의가 함 족속들에 대한 혐오증이었다면, 잘 알려지지 않지만, 이와는 반대로 야벳 족속과 셈 족속에 대한 콤플렉스 때문에 벌어진 함

족속의 야벳 및 셈 족속에 대한 제국주의적 찬탈과 노예화의 역사도 역시 존재한다. 혐오와 콤플렉스는 이처럼 수천 년간의 세계역사를 움직여온 원동력임을 부정할 수는 없다.

반면 이스라엘 민족, 특히 유대 민족에 대한 이해하기 힘든 혐오증은 쉽게 설명되어 질 수는 없기에 이 책에서 모든 것을 밝히기는 어렵다. 하지만, 간단한 설명은 가능하겠다.

유대인들은 수천 년 간의 독특한 문화적 특성을 가지고 있다. 원칙적으로 이들은 선택받은 민족이라는 자부심을 지니고 있으며, 유대인이 아닌 사람과 결혼하지 않고, 세상의 다른 보통사람들이 먹는 음식을 함께 먹지 않는다. 심지어는 음식뿐만 아니라 식사 자체를 함께하기를 꺼린다. 사바스sabbath(유태인의 휴일)때에는 예외 없이 모든 일을 멈추어야 한다.

오히려 같은 혈통의 민족이라서 유대인 이라기보다는 비록 다른 민족일지라도 유대인과 동일한 문화적 특성과 전통을 지키고 있을 경우에는 유대인으로 불려진다. 에돔 족속이었던 헤롯대제가 유대인으로도 분류되는 이유도 이런 현상과 관련이 있다.

고로, 너무 다른 티를 내고 똑똑하며 또 그 숫자가 소수일 경우 그 집단은 비록 다른 집단에게 위협이 되지 않는다 하더라도 공동의 적이 된다. 공동의 적이 있으면 세상은 단합된다. 콤플렉스와 혐오증이 한데 어우러지는 순간인 것이다.

'혐오증'이란 단어를 한영사전에서 찾아보게 되면, 자꾸 포비아phobia란 단어만 나온다. phobia란 공포증인데, 혐오증으로 알고 있는 것이다. 공식적인 한영사전이 이 정도라면 신뢰하기가 좀 어려워질 수도 있다. Phobia로 쓴다고 틀린 것은 아니니 필요한 분들은 사용하시되, 아래의 내용을 보시면서 공포증과 혐오증의 차이를 느껴 보시길 바란다.

혐오증과 공포증이 매우 유사하여 구분이 어렵지만, 우리말 속담인, '똥이 더러워서 피하지 무서워서 피하냐'를 가지고 설명하면 이해가 조금 쉽다. 지름길 위에 놓여있는 똥이 무섭지 않다면 빨리 치우고 그길로 다니는 것이 편리할 것이다. 만약 그 누구도 똥을 치우지 못하고 다들 먼 길로 돌아서 다닌다면 결국 무서워서 피하는 것이 된다. 하지만 바퀴벌레가 나타났을 때에, 더러워서 피하는 것인지 아니면 정말 무서워서 피하는 것인지를 감정상 구별하기는 좀 애매하긴 하다.

노예제도를 어떤 민족들이 먼저 시작했는지는 모르지만, 일단은 가까운 16세기부터 정리해 보자.

아메리카 대륙에 상륙한 백인들은 왜 풍부한 노동력이었던 인디언들을 아깝게 거의 모두 학살하였을까? 북미의 인디언들은 힘은 셌지만 반항심이 너무 거세였고, 반면, 남미의 인디오들은 북미의 인디언들보다 훨씬 일찍 더욱 잔인한 방법으로 굴복 당하였기에 온순했지만 힘이 약해 노예로 부리기에는 적당하지 않았으며, 야벳족속인 백인들이 볼 때에 인디오들은 셈족에 속하였으므로, 노예는 당연히 함의 자손들인 아프리카 흑인들로 구성되어야 한다는 이상한 논리를 비약시켜 졸지에 아프리카 땅은 노예 생산지로 변한다. 별별 부족들이 아프리카에서 잡히거나 팔려서 아메리카 대륙으로 끌려오게 된다. 아프리카 흑인들은 온순하며 기운도 아주 셌다.

자기들의 의사와는 아무런 관계도 없이 아메리카 대륙에 끌려와 살게 된 아프리카인들은 나름 자기들만의 섬나라를 세우기도 했지만, 북미대륙에서는 최근까지도 상당한 인종차별을 경험하게 된다.

혐오증과 공포증의 단어선택을 유의하면서, 미국대륙으로 끌려온 아프리카 흑인들을 대하는 백인들의 태도를 한번 검토해 보자.

백인의 동양인, 흑인 혐오, 이런 것이 혐오이다. 백인이 동양인과 흑인에게 공포심을 느낀단 말인가? 덩치 큰 흑인이 백인여성에게 치근덕거리는 모습을 상상하면 공포감이 생긴다고 대답할 사람들도 있을 것이고, 그동안 흑인들을 무척이나 괴롭힌 입장에 있는 백인들 입장에서는 흑인들이 자신들에게 보복할까 겁을 내는 공포심은 존재 할 수도 있긴 하다. 그렇다면 덩치 큰 백인이 가녀린 흑인 여성에게 치근덕거리는 모습은 로맨틱하단 말인가? 이 역시 공포감이 들지 않은가?

전략적으로 공포심을 유포시키고 일으켜, 궁극적으로 혐오감을 유발 시키는 방법은 널리 사용되고 있는 방법이기는 하다. 백인들은 북미대륙에서 인디언들에 대한 공포심을 키워 이를 대민 심리전에서 충분히 이용했다. 공포심을 유발하여 멸종시킬 명분을 유도해 낸 것이다. 일종의 공포 마케팅, 흑색선전을 쏟아 부은 것이다. 진위야 어떻든 간에 19세기에 미국에서 나온 말이 흥미롭다. "죽은 인디언만이 착한 인디언이다The only good Indians are dead Indians."

혐오증은, 자신 혼자만이 아니라, 주변에 자신과 동조하는 사람들이 상당수 존재하며, 자신의 이러한 혐오행위가 정당화 될 수 있다는 믿음에서 시작된다. 왕따bullying, いじめ 현상이나, 일본인들의 조선인 혐오도 유사한 형태의 것들이다.

그리고 공포증은 개인의 병이지만, 혐오증은 사회현상이다.

이러한 혐오현상이 민족 대 민족, 혹은 세상 대 민족으로 확대될 경우에는 매우 끔찍한 일들이 벌어진다. 터키에 의한 아르메아Armenia인 인종청소(1915~1923)와 2차 세계대전 직전과 전쟁 중에 나치 독일에 의해 자행된 유대인 인종청소 등이 그 대표적 예이다.

폴란드계 유대인 변호사인 라파엘 렘킨 박사Raphael Lemkin에 의해 1944년 그 유명한 인종청소genocide라는 신조어가 등장하게 된다. 살충제pesticide로 해충을 박멸하듯이 하나의 인종을 아예 없앤다는 뜻이다. 인간의 인간에 대한 증오와 혐오가 만들어낸 단어인 것이다.

하지만, 민족 대 민족, 국가 대 국가 뿐만 아니라, 하나의 국가 안에서도 일정 집단 내에서 벌어지는 집단 혐오증 현상은 일일이 열거하지 못할 정도로 많을 것이라 추정된다. 우리는 이런 현상이 우리 사회를 좀먹고 있는지를 특별히 유의하여 지켜봐야 할 것이다.

콤플렉스complex

• • • •

콤플렉스complex도 그 종류가 아주 다양하다. 우리는 콤플렉스를 열등감이라고 바로 번역하기도 하는데, 단순히 '열등감'이라는 단어 하나로 설명하기에는 좀 더 복잡한 단어이다. 단어의 뜻 그대로, 콤플렉스는 '복잡성'이라는 뜻도 가지고 있기 때문이다. 특정한 대상 혹은 상황에 대한 애착, 집착, 공포, 혐오, 시기, 갈등, 욕구 등

등이 모두 포함된다.

아들과 아빠간의 콤플렉스 문제를 다룬 유명한 오이디푸스 콤플렉스, 처녀성을 유지하려는 다프네 콤플렉스, 유독 소녀들에 대한 사랑이 끔찍한 로리타 콤플렉스, 오이디푸스 콤플렉스의 상대적인 기전인 엘렉트라 콤플렉스, 등장한지 얼마 되지 않은 콤플렉스로는 백마를 타고 올 왕자를 기다리는 신데렐라 콤플렉스가 있다. 이외에 다수의 콤플렉스가 존재한다.

아마도 대한민국에는 대통령 콤플렉스나 국회의원 콤플렉스에서 빠져 헤어나오지 못하는 사람들도 꽤 있을 것 같다. 과거에는 사법고시 콤플렉스가 상당히 심했지만 사법고시 응시 횟수 제한 및 로스쿨의 등장으로 인해 약화되었고, 요즘은 공무원 등용 콤플렉스로 변화된 듯 보이기도 하다. 또 하나, 지역주의regionalism 콤플렉스에서는 이미 벗어난 것인지도 궁금하긴 하다.

최근에 자주 관찰되는 새로운 콤플렉스 중에는, 여성의 지위가 상승되고 여성들의 사회활동이 증가하면서, 각계에 진출하는 여성들을 시기하는 남성들의 콤플렉스나 혹은 역-마초 콤플렉스도 관찰된다. 여러 가지 콤플렉스는 자칫하면 혐오증으로 변질되기 쉽고, 이러한 혐오증 증상이 심화된 사람 중에는 사이코패스적인 요소를 지닌 사람들도 자주 발견된다. 이러한 사이코 패시를 보이는 사람이 지도자적 역할을 맡게 될 경우, 특정 집단에 대한 집단적 혐오, 증오 현상이 팽배해지게 된다. 우리 입장에서는, 혐한嫌韓경향을 지닌 일본의 극우파를 예로 들어주면 이해가 쉬울 것이다.

유교적 전통의 가부장적家父長的시대를 지나며 상대적으로 남성우월주의를 누려왔던 남성들의 입장에서는, 기회박탈 및 권리박탈

등의 박탈심리를 느낄 수 있을 것이다. 여성과 남성의 활동 비율이 정확히 일대일이 된다면 바람직하겠지만 일부 직종에서는 이미 남녀비가 여성 쪽으로 편향적으로 기울어져버린 직종들도 많다. 교사직은 상당 수준 그렇고 일부 공무원직들도 그렇다. 전통적으로 남성이 맡아야 하고 여성들은 기피하는 업무는 아예 공석이 되어 비어 있는 경우도 발견된다.

여하튼간에, 남녀의 성비가 사회의 자연스러운 비율대로 반드시 맞추어 줘야 하는 곳이 있는데, 그곳은 다름 아닌 학교이다.

심리학적으로, 인간이 태어나서 성장하면서 동일시identification라는 과정을 겪게 되는데, 과연 인간의 성장기간 동안 몇 번의 동일시과정이 발생하고 몇 살 때까지 발생하는지에 대한 정확한 보고는 없다. 하지만 이 과정은 필수적으로 필요한 것으로, 초기에는 아버지와 어머니를 보면서, 그 뒤에는 학교에서 다른 학생들과 선생님들을 보며 이루어진다. 교실에서의 학생의 남녀 비가 맞아야 하는 것도 이러한 이유이다. 물론 청소년들의 사춘기에 대한 문제도 중요하므로, 사춘기에 들어 설 무렵까지는 남녀의 비율을 맞추어 주어, 건강한 성장을 도와야 한다고 한다.

사춘기는 상당부분은 생리적인 변화가 차지하지만, 동일시는 그렇지 않고 거의 심리적인 환경에 의존한다. 상대방이나 어른들의 역할을 동일시하려는 욕구는 초등학생 시절에 가장 활발할 것으로 추정된다. 학생의 남녀구성비 뿐만 아니라, 교사들의 남녀 구성비가 깨지면, 아이들의 동일시 과정에 문제가 발생할 수 있다. 이러한 동일시는 어린이의 성장 이후 사회적 역할을 맡았을 때에 결정적인 부분을 담당한다. 존경하는 위인을 꼽거나 '커서 되고 싶은 사람'이란 것은 대부분 동일시 하려한 대상과 어느 정도 일치하기 때문이다. 2014년도 기준 대한민국의 초등학교 교사의 남녀비율은 여성교사가 76.7%이며, 계속 여성교사 비율이 증가 추세에 있다.

우리의 생활 중에 마쵸macho라는 용어도 간혹 사용되고 있는데, 학술적이나 시사적으로는 남성 쇼비니즘male chauvinism이라는 용어가 선호되는 편이다. 왜냐하면 마쵸macho는 마키즈모machismo라는 포르투갈 혹은 스페인어가 라틴아메리카 지역에서 변형된 단어로 우월 주의적 남성을 나타내는 용어가 아니고, macho는 그냥 남성을 가리킨다. 마키즈모의 뉘앙스가 '으스대며 건들먹거리는 남성스러움의 과시적인 요소로서, 여성의 우위에 서서 여성들은 여성의 할 일이나 해라는 사고방식'이라고 되어있어, 마쵸 대신에 마키즈모가 남성쇼비니즘과 같은 뜻으로 사용될 수 있다.

쇼비니즘chauvinism은 프랑스 나폴레옹 시대에 심한 부상을 입고 퇴역한 군인인 니콜라스 쇼빈Nicolas Chauvin이 나폴레옹 정권에서 주는 쥐꼬리 만한 연금으로 근근이 살아가면서도, 나폴레옹이 퇴위된 이후에까지도 보나파르트의 광신적이고 맹목적인 추종자로 나서면서 반대파들을 혐오했기 때문에, 그의 이름을 따서 지어진 용어이다. 이러한 쇼빈의 자세는 맹목적 민족주의자와는 달리 광신도 fanatics에 가깝다.

마쵸와 관련하여서는, 역逆-마쵸reversed macho현상이라 이름 지을 만한 현상이 존재하는데, 주로 남성적인 역할이 중요한 직종에 진출한 여성들에게서 나타날 수 있다. 예를 든다면, 만취한 거친 남성 승객을 태우거나 몰상식한 승객을 다루어야 하는 여성 택시기사가 승객이나 다른 택시기사가 자신을 얕보지 않게 하려는 의도로 실제 남성 택시기사들 보다 더 거칠게 보이려는 경향을 생각하면 쉽게 상상이 될 것이다. 특전부대 등 군부대에서도 이런 반응은 일어날 수 있다.

사이코패스psychopath

• • • •

콤플렉스와 혐오증 외에 자주 등장하는 용어는 사이코패스이다. 사이코패스는 없애야하는 무섭고 혐오스러운 존재라서 사이코패스에게 당하기 전에 먼저 공격해야 한다고 생각하고 계실 수 도 있겠다. 틀린 말이 아니다. 요즘 우리가 아무렇지도 않게 또 당당하게 마구 학살해도 되는 존재로 좀비zombie라는 새로운 계층을 만들었다. 학살용으로 말이다. 인간에게는 증오할 대상이 필요한 모양이다.

요즘 한국인들의 관심사는 사이코패스들이 보이는 증상인 사이코패시psychopathy에 있다. 이것을 성격장애와 동일하게 보는 경향이 존재하지만 실상은 아니다. 여러 가지 다양한 성격장애도 있고, 성격장애의 일부로서 반사회적인 사이코패스도 존재한다. 두 가지 측면이 모두 문제가 있으므로, 지도자 후보들에게서 가장 걱정되는 부분은 성격적인 부분과 사이코패시적인 부분들의 존재 유무이다.

실망스러운 것은 우리 자체의 지도자를 무슨 테러집단의 지도자

검증하듯 조심스럽게 다가가야만 하는, 권위적 장벽에 대한 실망인 것이다. 국민들이 지도자감에 대해 막되어먹은 쌍욕은 퍼부으면서도 왜 정신감정을 받아 달라는 정당한 요구는 하지 못하는 것일까?

우리말의 사전적 의미로서의 사이코패스psycho-path는 아직 정확히 정의 내려진 바 없다. 단, 반사회성성격장애反社會性性格障礙와 사이코패스를 유사한 의미로 혼용混用하여 사용하고 있다. 그리고 반사회적성격장애란, '생활 전반에 걸쳐 다른 사람의 권리를 무시하거나 침해하는 성격적 장애를 일컫는다.'라고 되어있다. '생활 전반에 걸쳐 다른 사람의 권리를 무시하거나 침해하는 사람'이란 것. 우리가 자주 겪고 있는 문제들 아닐까 싶다.

사이코패시psychopathy는 소시오패시sociopathy와는 다른 용어로 구별해서 사용되어진다. 둘 사이의 공통된 점은, 반사회적 행동을 지속하며, 공감 및 반성을 하는 능력이 떨어진 상태로 인해 절제되지 않거나 무모한 행동을 하는 것으로 정의된다.

둘 사이의 차이점도 존재한다. '양심이 존재하느냐 아니냐?'이다.

사이코패스와는 달리 소시오패스는 약간의 양심이 남아 있다. 쉽게 말하자면, 사이코패스는 돈이 필요하면 그냥 빼앗고, 즐거워하겠지만, 소시오패스는 남을 돈을 빼앗을 때에 양심의 가책을 느낀다. 하지만, 욕망이 더 앞서므로, 가책을 불구하고 이 같은 행동을 지속한다. 즉, 사이코패스와는 달리 소시오패스는 목적을 위해서라면 수단을 가리지 않을 수도 있다. 그런 즉 역사상 수많은 지도자들은 소시오패스적인 요소를 지니고 있었다고 감히 말할 수 있겠다.

또 한 가지 유의할 점은 이들이 모두 반드시 '폭력과 잔인함'을 그들의 주된 공격무기로 사용하지는 않는다는 것이다. 즉, 무조건

폭력적인 것이 아니다. 충분히 다른 방법으로도 남들을 괴롭힐 수 있기 때문이다. 자신이 원하는 것을 성취하기 위하여 속임수manipulation를 사용하거나 상대방에게는 직접적 폭력을 가하지 않으면서도 무모하거나 난폭한 행동으로 겁만 주어 협박에 활용할 수도 있을 것이다.

심리학적인 상태를 서술할 때라면 모르겠지만, 일단, 정신의학과 의사들은 환자를 사이코패스나 소시오패스로 진단을 내리지 않는다. 즉 그런 진단명은 존재하지 않는다는 것이다. 여러 다른 진단도 가능하겠지만, 사이코패스나 소시오패스를 통상 반사회적 인격장애antisocial personality disorder로 진단 내린다.

이쯤 되면, 내가 알고 있는 사람들의 품성이 의심스러워질 수도 있겠다. 그러나 기존 정치인들이나 사회저명인사들의 인품과 자질을 탓하기 전에, 일단 우리 자신을 한 번 더 돌아보도록 하자. 부모들은 자기들의 자녀를, 자녀들은 자기들의 부모를 한 번 더 살펴보자.

투표권을 갖게 되는 연령을 보다 더 낮추어야 한다는 주장은 자주 있어왔다. 만약 기본교육으로 국민의 품성이 완성된다면, 언제라도 가능한 일이다. 맞는 말이다. 지도자를 뽑는 우리 국민의 품성은 기본적 교육을 받는 초등학교, 중학교, 고등학교 12년간을 통해 이루어져야 할 것이다.

문제는 그렇게 못하고 있다는 것이다. 즉, 12년간의 기본교육을 통하여 충분한 인성이 전혀 함양되고 있지 못하다는 것이다.

좋은 나무에서 좋은 열매가 맺힌다.

왕족은 둘째 치더라도, 독재주의 국가의 소수 엘리트층에 의한 지배적 형태는, 국가의 지도자가 엘리트층에서 미리 선별되어 엘리트 중에서 엘리트가 선출되기 때문에, 일반 국민의 역량이 크게 중요하지 않다.

하지만, 민주주의 제도 아래에서의 선출제도는 국민들 속에서 지도자를 선발하는 것이다. 즉, 국민성 자체가 불량하다면, 불량 지도자가 나올 수밖에 없다는 것이다.

하향표준화라는 말은 비하시키는 말처럼 사용되지만, 민주주의에서는 꼭 필요한 방법이다. 왜냐하면, 아무리 하향표준화 하였더라도 국제적인 경쟁력을 잃지 않으려면 전체 집단의 역량을 다른 나라보다 훌륭하게 키워내면 되기 때문이다. 풀뿌리 민주주의grassroots democracy가 성공하기 위해서는 토양의 상태도 좋고 풀도 잘 자라야 할 것이다.

나무가 좋은 열매를 맺지 못하는 나무인데, 어찌 좋은 열매를 기대하랴?

나무도 좋고 열매도 좋다 하든지 나무도 좋지 않고 열매도 좋지 않다 하든지 하라.
그 열매로 나무를 아느니라.

독사의 자식들아 너희는 악하니 어떻게 선한 말을 할 수 있느냐?
이는 마음에 가득한 것을 입으로 말함이라.

선한 사람은 그 쌓은 선에서 선한 것을 내고,
악한 사람은 그 쌓은 악에서 악한 것을 내느니라.

- 마태복음 12장 33~35

나무는 사람보다 더 고치기가 힘들지 모른다. 나쁜 나무는 뽑고, 새나무를 심는 것이 훨씬 경제이다. 아니면 다른 곳으로 옮겨 심어야 할지도 모른다. 땅과 환경 등이 좋지 않아서 좋은 나무임에도 불구하고 좋은 열매를 맺지 못하는 경우도 허다하다.

심지어는 나무도 옮겨 심거나 비료를 주는 등, 바로 잡아주려고 노력하는데, 사람의 품성이야 말할 것도 없다. 사람을 뽑아 버릴 수는 없지 않은가?

사람을 치료하는 병원에 있는 소아과를 영어로 pediartics(페디아트릭스)라고 한다. Pediartics는 그리서어인 paido(아이) + iatrikos(치료하다)의 합성어이다.

참고로, 대한민국에서는 그 명칭을 소아청소년과로 바꾸어 부르고 있다.

재미있는 것은, 소아과 말고 정형외과의 경우이다. 정형외과는 orthopedics(오르쏘페딕스)이다. 이는 아동이라는 뜻의 pedics 앞에 ortho라는 접두어를 붙인 합성어이다. ortho는 바르게, 똑바로 라는 뜻으로, ortho-pediatric는 사실, 아이들을 바르게 키운다는 뜻을 내포하고 있다. 잘못된 것을 바르게 교정해 준다는 뜻이다. 동시에 잘못된 것은 어릴 적부터 교정해주어야만 한다는 의미도 내포되어 있다.

일급수가 아닌 3급수의 하천에서, 일급수에서만 자라는 물고기 찾기를 기대하면 안 되듯이, 좋지 않은 나무에서 좋은 과실을 기대해서도 안 된다. 콩을 뿌려 놓고, 팥이 열리길 기대하는 것은 문제다.

우리 국민의 역량에 대한 이야기인데, 산림과 자연보호를 위해 엄중한 단속이 현실화되기 이전에는, 우리는 더운 여름날 가까운 계곡을 찾아 가족과 함께 짐을 바리바리 싸서 놀러 다닌 경험들이 있다. 가서 불도 피우고 밥도 해먹고 계곡물로 설거지도 했었다. 우리는 산속의 맑은 계곡물에 놀러가게 되면, 무조건 물이 깨끗한 장소를 찾게 된다. 남들이 놀고 있지 않은 보다 상류의 더 맑은 물이 흐르는 장소를 선호한다. 왜 그럴까? 이왕 더러워진 물을 함께 더 더럽게 하는 것이 바람직할 텐데, 우리는 오염되지 않은 깨끗한 물을 찾아 극구 오염시키려고 가는 것이다.

공중화장실을 가더라도 깨끗하게 청소해 놓은 칸을 찾아 들어가지, 애써 더러운 칸을 골라서 일을 보려는 사람이 없을 것이다. 수건도 마찬가지이다. '걸레가 행주 되냐?' 이거 참 충격적인 발언이다. 우리는 걸레로 살 수 없다. 모두 행주가 되어야 한다. 아니, 누구나 쓰고 싶어 하는 깨끗한 수건이 되어야한다. 우리의 수건이 선진국의 걸레수준이 되어서는 안 되고, 거꾸로 우리의 걸레가 다른 나라의 수건 수준이 되어야 한다.

오염되는 것을 막는 방법은 유일하다. 모든 곳을 깨끗하게 보존하는 것이다. 더럽혔다면 바로 바로 치우는 것이다. 더러운 귀신이 발붙일 자리를 만들어 주어서는 안 된다. 김영란 법이 이런 이유로 힘들게 만들고 힘들게 통과된 것 아닌가? 그러나 더러운 귀신 앞에서는 김영란 법도 맥을 못 추는 모양이다.

> 더러운 귀신이 사람에게서 나갔을 때에 물 없는 곳으로 다니며 쉬기를 구하되 얻지 못하고 이에 이르되 내가 나온 내 집으로 돌아가리라 하고
> 가서 보니 그 집이 청소되고 수리되었거늘
> 이에 가서 저보다 더 악한 귀신 일곱을 데리고 들어가서 거하니

그 사람의 나중 형편이 전보다 더 심하게 되느니라

- 누가복음 11장 24~26

이제는 미래를 위해 어린 나무를 제대로 키우는 이야기로 넘어가 보자.

교육 받지 않을 권리

교육을 많이 오래 받은 만큼 다른 사람들의 기대가 크다는 점은 이해 할만하다. 하지만 그 반대로 교육을 오래 받지 못했다고 해서 미성숙한 국민으로 몰아가서도 안 될 일이다. 제대로 된 국가라면, 국가가 인정한 기본 교육만 받았어도 국민의 수준도 제대로 되어 있어야 한다.

나라마다 의무교육이라는 제도가 존재한다. 국민의 기본소양을 심어주기 위한 것이다. 나라가 잘되려면 의무교육이 그 나라에서 시행하는 교육 중에서 가장 비중이 크고 중요한 교육이어야 한다. 쉽게 말해서 국민 각자가 자기에 나이에 제대로 된 자기 구실을 할 수 있게끔 국정교육國定教育이 이루어져야 한다는 말이다. 만 19세 이상이 되면 제대로 된 지도자감을 고를 수 있도록, 또한 만 25세 이상이 되면 기초단체장으로 나아가 다른 국민들을 이끌 수 있는 소양 素養이 갖추어져야 하겠다.

대한민국 헌법 제31조를 잠시 보자.

> ① 모든 국민은 능력에 따라 균등하게 교육을 받을 권리가 있다.

하지만, 거꾸로, "모든 국민은 교육 받지 아니할 권리도 있다"라고 주장하고 싶다. 이상하게 들릴지는 몰라도, 이는 역설적으로 의무교육기간의 중요성을 강조하려는 취지에서이다.

가령, 대한민국 국민 중에서 중위나 대위의 계급으로 군대에서 전역한 사람을 예로 들어보자.

민방위기본법 제18조 제1항을 보면, '20세가 되는 해의 1월 1일부터 40세가 되는 해의 12월 31일까지 대한민국 국민인 남자로 편성한다.'라고 되어 있지만, 이들은 계급 정년까지 예비군 교육을 받아야 하므로, 40세가 아닌 만 43세까지 훈련에 임해야 한다.

한국 남성의 평균 수명이 78.8세임을 감안하면 반평생을 넘게 교육만 받게 된다는 뜻이 된다(43세×2=86세).

그럼에도 불구하고, 일부 직종에 종사하는 사람들은 정년에 이를 때까지 보수교육을 받고, 마치 수강명령을 의무적으로 받아야하는 범죄자 집단처럼 성교육과 인권교육도 지속적으로 받는다. 물론 이러한 교육에 들어가는 강사료, 강사의 소속기관의 운용비 및 일부 소속기관의 보유 빌딩 운영비 등 제반 비용은 모두 국민이 낸 세금으로 집행된다.

잠정적 범죄자 혹은 재범의 가능성이 높은 범죄자가 아닌 이상, 이제는 '교육받지 않아도 될 권리'가 주어져야 하지 않을까? 반평생이상을 계속 교육만 받아야 할 것이라면, 의무교육은 왜 필요한가? 평생교육이라더니, 진짜 평생 교육만 받다가 관속으로 들어갈 판이다.

대한민국의 성숙된 국민으로서 살아갈 수 있도록 도와주는 것이 의무교육이다. 국가가 왜 비싼 돈을 들여서 의무교육을 실시하는가? 과연 의무교육에서는 무엇을 가르치는가?

박근혜 전 대통령이 국가를 위해 받은 교육기간은 몇 년이나 될까?

대한민국은 아직까지는 초등학교 6년 및 중학교 3년까지의 9년간을 의무교육기간으로 보장하고 있다. 고등학교 3년간은 의무교육은 아니지만, 무료교육이므로 누구든지 교육받을 권리를 보장받고 있는 셈이다. 즉 12년간을 기본교육 기간이라고 불러도 무리가 없다는 뜻이다. 이러한 기본교육의 기간은 아래에서 설명할 참정권과 밀접한 관련이 있으므로 중요하게 다루어야 할 부분이라고 본다.

우리는 12년간의 국가에서 보장해주는 교육기간동안 무엇을 가르치는가? 학부모들은 왜 해당기간동안 사교육에 엄청난 비용과 시간을 희생당해야하며, 12년간의 교육을 받은 젊은이들은 왜 또 엄청난 비용과 시간을 들여 추가적인 교육을 강요받아야 하는가? 심지어는 박사학위까지 어렵게 취득한 사람들이 취업이 어려워 학력을 저학력으로 위조해서 이력서를 제출하는 기이한 행태까지 벌어지고 있다. 무엇이 문제일까?

국가는 12년간의 교육기간에 모든 것을 담아야 할 것이다. 투자는 당연한 것이다. 멀쩡하게 잘 지은 아파트에 입주할 때에 집값보다 더 많은 돈을 들여 수리해서 들어가야 한다면, 기본 건축이 부실했다는 것을 자백하는 것이고, 추가적인 교육이 계속 필요하다는 것은, 하자개선이 필요한 정도가 아닌, 부실교육이었다는 뜻일 뿐이다.

국가는 정규 교육에 정진해야 할 것이다.

'철 들자 망령난다' 라는 말이 있다. 옛날에 노인을 공경했던 이유는 사람들이 나이가 드는 만큼 현명해진다고 여겼기 때문이다. 그리고 장수하는 사람들이 드물었기 때문이었을 것이다. 그러나 옛 경로사상을 유지하기에는 노인의 희소가치가 점차 떨어져 간다. 시대가 많이 달라졌고 노인보다는 어린이가, 어린이보다는 임산부가 우선 존중의 대상이 되어있다. 인구 감소와 노령화가 불러온 현실이다. 몇 세부터 노인으로 보아야 하느냐에 대한 논의도 활발한데, 65세에서 70세로 상향 조정될 가능성이 높아 보인다.

수명은 길어졌지만, 길어진 수명에 비한다면 일할 수 있는 기간은 턱없이 짧다. 더군다나 막 사회에 진출하려는 젊은이들에게도 일할 기회를 주어야 하기 때문에 양보를 강요받을 수도 있다.

그런데 왜 하필이면 대한민국의 대통령 피선거권[10] 연령이 만 40세 이상이며, 국회의원, 광역자치단체장 및 의회의원 및 기초자치단체장 및 의원의 피선거권 연령은 만 25세 이상일까? 대통령 피선임 연령도 낮추어야 공무원 자리 한자리라도 젊은이들에게 더 가지 않을까 하는 의문이 생긴다.

왜 대한민국의 법령은 이러한 나이 제한을 두고 있는 것일까? 이것도 차별이라고 봐야 할까? 선거권 연령을 낮추자는 의견도 자주 등장하므로 국민은 적절한 판단 기준을 가지고 있어야 맞다.

왜 선거권은 만 19세 이상에게만 주는가? 미성년자란 개념은 도대체 왜, 어떻게 존재하는 것인가? 무엇을 근거로 성년이 아니라고 주장하는 것인가? 또 정년퇴임이라는 것은 왜 존재하는가? 몇 살 이상이 되면 일을 못하게 될까? 100살이 넘은 사람이 대통령을 해도 될까? 등등의 의문이 꼬리를 물게 된다.

이 부분은 상당히 예민한 문제라서 잠시 살펴보고자 한다. 그러나 이 이야기의 결론은 독자 분들 생각에 맡긴다.

참정권의 연령제한을 두는 것에 대해서는 별의별 이유들이 존재하지만 사실 그 근거는 아주 오래, 즉 수천 년 전의 자료들에서 발견된다. 신분이나 성별은 일단 생각하지 말고 나이만 보면서 생각해 보면 좋겠다. 필자의 경우에는 정신발달 및 신체의 성장발육 단계를 근거로 해서 데이터를 추정해 볼 수는 있지만 현재 우리나라의 상황에서는 그러한 연구를 받아들이기 어려울 것이라고 생각한다. 다른 근거가 있다면 제시해 주시길 바란다.

선거 때가 되면 종종 이런 이야기가 들리곤 한다.

"어린애들이 무슨 투표냐?", "노인네들은 투표하러 나오지 말고 집에 있어라." 이때 또 한 가지 궁금증이 생긴다. 그럼 철 드는 나이와 노망 드는 연령은 몇 살쯤일까? 인간은 몇 살이 되어야 철이 들까?

참정권, 즉 선거권과 피선거권의 연령제한에 대한 이야기를 하자면, 실제 대한민국의 법령부터 살펴보아야 한다. 선거권은 만 19세 이상에게 부여되므로, 각종 피선거권의 연령제한과 기타 제한에 대해서만 잠시 법령을 살펴보겠다. 대한민국에서 피선거권 연령은 다음과 같이 제한된다.

대통령 선거	만 40세 이상
국회의원 선거	만 25세 이상
광역자치단체장 선거	만 25세 이상

기초자치단체장 선거	만 25세 이상
광역자치단체의회의원 선거	만 25세 이상
기초자치단체의원 선거	만 25세 이상

피선거권이 제한되는 경우는 다음과 같은데, 첫째는 연령 미달로 제한을 두는 것이다.

대통령 선거	만 40세 미만
국회의원 선거, 지방 선거	만 25세 미만

두 번째로 피선거권이 제한되는 경우는 법적 사유에 의한 것인데, 공직선거법 제19조에는 다음과 같이 피선거권이 없는 자를 명시해 두고 있다.

제19조(피선거권이 없는 자) 선거일 현재 다음 각 호의 어느 하나에 해당하는 자는 피선거권이 없다.

1. 제18조(선거권이 없는 자)제1항제1호·제3호 또는 제4호에 해당하는 자
2. 금고 이상의 형의 선고를 받고 그 형이 실효되지 아니한 자
3. 법원의 판결 또는 다른 법률에 의하여 피선거권이 정지되거나 상실된 자
4. 「국회법」 제166조(국회 회의 방해죄)의 죄를 범한 자로서 다음 각목의 어느 하나에 해당하는 자(형이 실효된 자를 포함한다)
   가. 500만원 이상의 벌금형의 선고를 받고 그 형이 확정된

후 5년이 경과되지 아니한 자

나. 형의 집행유예의 선고를 받고 그 형이 확정된 후 10년이 경과되지 아니한 자

다. 징역형의 선고를 받고 그 집행을 받지 아니하기로 확정된 후 또는 그 형의 집행이 종료되거나 면제된 후 10년이 경과되지 아니한 자

5. 제230조제6항의 죄를 범한 자로서 벌금형의 선고를 받고 그 형이 확정된 후 10년을 경과하지 아니한 자(형이 실효된 자도 포함한다)

우연의 일치일지는 몰라도, 공자가 말하는 불혹不惑[11]과 대통령 피선거권의 연령이 일치한다. 그럼 잠시 공자가 말한 불혹이란 나이의 의미를 살펴보자. 우리는 완벽한 무게중심을 잡아가면서 이 세상을 살아야 한다. 평정심이 흐트러지는 때가 와도 기본자세를 잃지 말아야 한다. 더욱이 매우 복잡한 상황에서 당황스러운 순간이 닥쳐도 실수하지 않으려면, 부단한 자기 훈련과 심성의 단련이 필요하다. 의식적이든 무의식적이든 중심을 잡고 있다 보면, 자신이 아무 때라도 하는 행동과 언행이 크게 정도正道를 벗어나지 않고 있다는 것을 깨닫게 될 것이다.

율곡 이이李珥의 성학집요聖學輯要 중 2편 수기修己에서 5장 성실誠實에 따르면, 정자程子가 말하기를, "학문은 어두운 방에서도 속이지 않는 데서 시작된다學始於不欺暗室."라고 하였다. 만취 상태에 필름이 끊겨 다음 날 기억이 없더라도 실수 없이 집에 잘 찾아 들어와서 주정 안 부리고 얌전히 자는 사람이 믿을 만한 사람이다.

굳이 프로이트의 심리적 발달단계, 에릭슨의 심리사회적 발달단계 및 피아제의 인지발달단계를 거론할 필요가 없다. 전통적 유교국가였던 우리나라에는 공자의 덕행德行 발달단계가 이미 존재하고 있었던 것이다.

공자가 말한 불혹, 즉, 40세에 모든 것에 미혹迷惑되지 않았다는 뜻에서 보듯이, '불혹' 즉, '미혹되지 않는' 자세는 지도자나 국민이나 모두가 다 갖추어야 할 심성인 것이다. 공자라는 인물의 중요성을 인정한다면, 어느 정도 나이가 되면 사람으로서 갖추어야 할 덕목이 분명히 있다는 것을 알 수 있다.

공자는 다음과 같이 말했다.

> 나는, 15세에 학문에 뜻을 두었고: 지학志學
> 30세에 확고히 섰고: 이립而立
> 40에 미혹되지 않고: 불혹不惑
> 50에 천명을 알았고: 지천명知天命
> 60에 귀가 순해졌고: 이순耳順
> 70에 마음이 하고 싶은 바를 따르더라도 법도에 어긋나지 않았다: 종심從心.

> 子曰 吾十有五而志于學
> 三十而立
> 四十而不惑
> 五十而知天命
> 六十而耳順

七十而從心所欲 不踰矩.

-《논어》'위정爲政' 편

공자의 말에서 성년의 나이에 대한 근거도 찾아보고 싶었지만, 아쉽게도 '위정'에서 공자는 20세 전후에 대한 언급을 하지 않았으므로, 이번에는 성년의 근거를 찾아보았다.

유가 경전의 하나인《예기禮記》곡례 편曲禮篇에 "二十曰弱하니, 冠이라"하여, "20세는 약弱이라 해서 갓을 쓰다."라고 했듯이, 약관弱冠[12]이라 하여 '弱'이란 글자를 사용한 것으로 보아, 비록 어른이 되었으나 아직은 연약한 존재라는 것을 의미한다.

수천 년 전에 쓰인 구약성경에도 미성년자라는 개념의 나이가 언급 되듯 분명 몸은 다 컸으나 아직 완전한 어른이라고 보기 어려운 나이가 있다는 것이다. 동서양을 비교해 보면 역시 동양과 서양 및 중동 지역에서의 성년이 신기하게도 일치한다.

이스라엘 중 이십 세 이상으로 싸움에 나갈 만한 모든 자를 너와 아론은 그 진영별로 계수하되.

- 민수기 1장 3절

3장

내일을 찾을 해답, 정신검증

01 언행에는 품성이 보인다

국난으로 이끄는 지도자의 정신병리

• • • •

다음에 이어질 이야기는 누구라고만 말해도 금방 알 수 있는 역대 세계 지도자들의 이야기이다. 미합중국 개국 이래 미국 대통령의 절반이 정신질환을 지니고 있는 상태였다는 연구 자료가 있는 것을 알고 있는가? 미국의 초대에서부터 37대까지의 대통령(1789~1974)의 정신 상태[1]를 분석한 결과도 있다. 문제 있는 지도자로 비난 받았던 사람들만 말하는 것이 아니다. 훌륭한 지도자로 평가되고 있는 사람들 중에서도 정신적인 장애를 지닌 인물들이 상당히 많았다.

키가 유달리 크고 팔다리 및 손가락이 비정상적으로 길어지는 일종의 유전병인 마판 증후군Marfan's Syndrome[2]에는 심한 우울증까지 흔히 동반되는데, 이런 이유로 우울증을 앓았던 링컨 전 대통령은 젊은 시절 자살을 생각했었다. 키가 컸던 링컨은 자신의 외모에 대한 콤플렉스와 몸의 세밀한 떨림 증상으로 힘들어 했으며 그의 신체 떨림은 사진촬영에 방해가 되었다고 한다. 요즘에는 사진기의 노출 방식이 발전하여 금방 찍히지만 옛날의 사진기는 몇 분

동안 똑같은 자세를 취하고 있어야만 깨끗한 사진을 얻을 수 있었다고 한다.

제2차 세계대전 때에 절명의 위기로부터 영국을 구한 수상 처칠과 1960년대 냉전의 위기 속에서 미국을 지켜냈고 미국의 최고 명문가로 떠올랐던 케네디가의 영웅인 케네디 전 대통령은 조울증과 각성제 남용을 의심받고 있다. 하지만 이들의 이런 조울증적 요소가 오히려 지도자로서의 긍정적인 측면으로 활용되었다고 후대에는 평가받기도 한다. 조증으로 인해 과도하게 의욕적으로 움직일 때에는 진취적인 지도자로, 우울증으로 인하여 위축되어 있을 때에는 신중한 지도자로 보였기 때문이다.

독일 히틀러의 조울증과 암페타민 중독은 세상을 지옥으로 바꿀 뻔 했고 미국 전 대통령 존슨과 닉슨은 남을 믿지 못하고 의심하여 계속적으로 감시하지 않으면 견디지 못하는 편집증으로 이름을 날렸다. 워터게이트라 불리는 유명한 사건으로 밝혀진 닉슨의 성격 문제는, 그를 미국 역사상 유일하게 임기를 마치지 못하고 사퇴한 대통령으로 만들었다. 소비에트연방의 지도자 스탈린도 편집증 환자였다고 전해지며 그의 편집 증상으로 인하여 측근들은 물론 가족들까지 숙청한 것으로 알려져 있다.

조금만 더 과거로 가자면, 미국의 역대 대통령 중에서는 술주정뱅이도 많아서 군대 사열 도중이나 행사장에서 술에서 깨지 못하고 타고 가던 말에서 떨어진 사람도 있다고 한다. 옛날에는 술주정뱅이 대통령이 많았다면, 최근의 미국 대통령들 중에는 마약 경험자들도 많다. 대마초의 습관적 흡연은 애교로 봐줄 정도로 흔했다.

세계 지도자들의 정신 상태를 분석하려는 시도는 상당히 많이 이루어진 편이며, 그중에서도 흥미로운 것은 러시아의 푸틴 대통령의 자폐증(아스퍼거스 증후군)[3]에 대한 논란인데, 감정이 잘 드러나지 않는 그의 방어적, 폐쇄적 얼굴 표정을 보고 추정해 본 것이라고 한다. 간접적 추론으로 이끌어낸 의미 있는 감정결과이다. 그러나 MRI(자기공명영상촬영)이나 CT(단층촬영) 등의 뇌에 대한 검사를 실시해 보지 않는 이상 사실로 증명할 길은 없다고 하니 심증은 강한데 물증이 없는 실정이라고나 할까?

이번에는 박근혜 전 대통령의 정신적 측면을 한번 들여다보자. 뒤에 나올 방어기제들을 기반으로 박 전 대통령의 무의식적 혹은 의식적 수준의 심리적 상태를 짧게나마 점검해 볼 것이다. 이해를 돕기 위해서는 몇 쪽 뒤에 자세하게 설명해 놓은 방어기제Defense Mechanism[4]들을 참조하시길 바란다.

박근혜 전 대통령 자신보다도 박근혜라는 인물과 가까이서 소통하던 사람들에게 투영되어 비추어진 문제점들이 훨씬 더 많고 다양하다. 근본적으로 병적인 수준은 아니지만, 박근혜 전 대통령의 '의존적 성격dependent personality의 성향' 때문일 것이다. 즉, 개인의 의존적 약점이 주변 인물들에게로 투사되어 이러한 약한 부분을 악惡이용한 주변 인물들이 너무 많았다.

특히 최측근이었던 최 모 여인의 경우는 온갖 정신병리가 다방면에서 드러나는 편이다. 병적인 방어기제로 자신이 피해자라고 생각하는 망상적 투사, 현실부정, 외부현실의 왜곡, 뻔뻔스러움의 극단적 투사 및 미성숙한 방어기제로써의 자신이 마치 대통령과 동격인 듯이 행세한 것 등의 함입 및 투사적 동일시가 발견되며, 질투심이 매우 많으며, 의심 등의 문제도 함께 보인다.

권력의 주변에서 먹잇감을 찾아 서성거리던 옆 사람들은 거의 대부분이, 경미한 경우에는 대통령과 자신을 동일시identification하려는 기전으로부터 시작해서, 심할 경우에는 함입introjection 혹은 합일화incorporation의 기전을 통해 심지어 대통령보다도 더한 무소불위無所不爲의 권력을 휘두를 수 있다고 생각하는 듯하다.

박근혜 전 대통령 자신은 다른 일반 정치인들에 비해 그다지 많은 병적인 방어기제를 사용하고 있지는 않으나, 1~3차 대국민 담화문에서 "일부 연설문이나 홍보물도 같은 맥락에서 표현 등에서 도움을 받은 적도 있으나"라고 한 말이나 "국가의 경제와 국민의 삶에 도움이 될 것이라는 바람에서 추진된 일이었는데" 등의 말에서 약간의 왜곡distortion 및 합리화rationalization 경향을 보이고 있다.

또한, '이것이 꿈인지 아닌지?'의 문제인데, 두 번의 꿈이 이루어지고 두 번은 아주 끔찍한 악몽을 경험한 분이다. 평범한 현실이 아닌 극적인 꿈같은 현실을 경험해온 험난한 인생과정을 겪은 만큼 공상fantasy의 문제가 존재할 것이다. 11세에 청와대로 이사를 했고, 61세에 다시 돌아갔다.

고위 공직자의 임명에 있어서 많은 잡음이 있어 왔고 계속 발견되는 중이지만, 최 모 여인 등과 같은 사람들에게 중요한 일들을 믿고 맡겼다는 것을 보면, 자기 주변에 있는 사람들의 인격과 능력을 너무 과도하게 평가한 이상화idealization의 과정에서 문제가 커 보인다.

비록 아주 어린 시절의 경험은 아닐지라도 부모의 비극적 최후에 대한 감정 및 기억의 억제suppression를 사용한 고립isolation 및 후퇴withdrawal의 기제는 평생 지속될 상처로 보이며, 정치생명을 위하여

부각시켜야 하는 아버지의 업적과 숨기고 싶은 아버지의 독재적 통치 사이에서의 균형을 철저하게 유지해야 했기에 취소undoing의 기제가 사용되었을 것이므로 개인적으로 많은 힘든 시기를 보냈을 것으로 생각된다.

각종 문제, 즉 이런 결과를 가져온 원인이 되었던 부분은 의외로 좀 황당한 곳에 있었다. 즉, 건강염려hypochondriasis를 걸러내는 부분에서 취약성을 보였으며, 이 부분은 힐러리 클린턴 후보의 가장 큰 패배요인으로 작용했던 이메일 스캔들과 유사한 맥락이 있어 보인다. 자신의 건강한 모습을 애써 보여주려 했던 것인지 아니면 여심女心이란 것이 원래 그런 것인지는 몰라도 상식적으로 하지 말아야 할 처신을 했고 비선秘線이 파고들게끔 허용한 셈이다. 미국의 대통령들은 이처럼 절차에 어긋난 의료서비스를 받고 있지 않은 것으로 필자는 알고 있다. 흔히 WRNMMC(Walter Reed National Military Medical Center) 혹은 우리가 잘 알고 있는 베데스다 해군병원Bethesda Naval Hospital이라고 불리는 곳 외에서는 대통령 임기 중에 검사나 치료를 받지 않는 것으로 알고 있다.

사람을 잘 믿지 못해서 경계하다보니 사람을 잘 못 쓴 것인지 아니면 너무 믿어서 쓴 것인지는 판단이 잘 서지 않으므로 세계의 거의 모든 지도자들이 지니고 있는 편집증적 경향에 대해서는 생략하겠으며 역대 대통령들이 청와대에 들어가기 전과 들어간 후에 우리의 상상보다 엄청난 정신적 변화를 겪게 될 수 있다는 점만 지적해두고자 한다.

이제는 자세히 방어기제들을 종류별로 살펴보자. 우리가 눈여겨봐야 할 사람은 더 이상 박근혜 전 대통령이 아니니까.

정신 상태를 읽는 가장 쉬운 지표

• • • •

앞에서 잠시 방어기제를 통해 박근혜 전 대통령의 정신적 측면을 들여다봤다. 지도자 자격이 있는지 없는지를 쉽게 판단하려면, 그들이 평소에 사용하는 방어기제Defense mechanism를 꼼꼼하게 살펴보면 된다.

방어기제防禦機制 혹은 방어기전防禦機轉이라고 불리는 'Defense mechanism'은, 용납할 수 없거나 잠재적으로 해로운 자극으로부터 발생하는 불안상태를 감소시키기 위한 무의식 상태에서 작동하는 심리기전을 말한다.

의학적으로는 방어기전이라는 용어가 사용되나 일상적으로는 방어기제라 쓰이는 경우가 많으므로 방어기제로 통일하여 사용하겠다. 향후의 추가적인 연구를 위해서는 다소 난해하더라도 방어기제의 정의를 가능한 정확하게 내려야 할 것이다.

아주 쉽게 설명하자면, 심리적 충격을 자동적으로 흡수하는 수단이라는 것이다. 싸움에 나선 병사가 화살이나 칼을 막아낼 때에 의식적으로 방패를 사용하는 것에 반해서, 항상 입고 다니는 방탄조끼는 전혀 눈치조차 못 챌 정도로 빠르게 날아온 총알의 충격을 흡수하는 데 이용된다.

방어기제는 스트레스 및 불안의 위협에서 자신을 보호하기 위해 공격적인 욕망을 무의식적으로 속이면서 안전한 욕망으로 대체하는 방식이다. 뒤에 언급할 '프로이디언-슬립Freudian-Slip'이라는 무의식적인 말실수는, 무의식 속에 숨겨져 있어야 안전한 욕망을 숨기지 못하고 의식 밖으로 튀어 나오게 하는 실수를 말한다. 즉, 무의식 상태에 남아 있도록 제어해야 할 욕구가 차단되지 않고 그대로 드러나게 된다. '아차' 하는 순간에 발생하며, 곧바로 자신의 실수를 알아채는 경우도 있긴 하지만, 대부분의 경우 자신도, 듣는 사람들도 그 실수를 눈치채지 못하는 경우가 있어서 한참 후에야 무엇이 잘못된 것인지를 깨닫기도 한다.

전문적으로 설명하자면, 외부나 내부에서 발생한 심리적 상황이 위협적인 것인지 아닌지 불분명한 상황 혹은 자아를 위협하는 심리적 갈등이 있을 때 작동되며, 이성적이거나 직접적인 방법으로 불안을 통제할 수 없을 때 자아 붕괴의 위험에서 보호하기 위해 무의식적으로 사용하는 사고 및 행동 수단이다.

말 그대로 '막는 장치'라는 뜻이다. 즉, 외부에서 들어오는 심리적 스트레스로부터 자아를 방어하고 자아가 붕괴되는 상황을 막는 장치인 것이다.

방어기제는 성격발달의 수준이나 불안의 정도에 따라 여러 가지 형태로 나타나며, 두 가지 공통된 특성을 가지고 있다. 변할 수 없는 사실을 거부하거나 왜곡시킨다는 것 그리고 무의식적으로 작용한다는 것이다.

방어기제의 기초이론은 지그문트 프로이트Sigmund Freud가 이드, 자아, 초자아를 다룬 삼각형의 구조적 모델에서의 이드id(인간의 원시적·본능적 요소가 존재하는 무의식 부분)의 충동성을 다루면서 그 개념이 등장하였다. 이드는 공격성, 죽음에 대한 본능인 타나토스Thanatos or the Death instinct, 성욕 혹은 생존욕구Eros or the Life instinct 등을 포함하는 인간의 생물학적이고 본능적인 충동을 대표한다.

'이드'는 말 그대로 욕망, '초자아super-ego'는 도덕적 혹은 처벌적 마음, '자아'는 욕망과 도덕적 엄격함을 조율해주는 중간에 위치한 존재로 보면 될 것이다. 너무 동물적이지도 않게 해주고 자기학대가 과도해지지 않도록 자아가 조절을 담당한다. '자아가 붕괴된다'는 말은, 이러한 자아가 조절기능을 잃게 된다는 말이다. 자아는 여러 가지의 방어방법을 이용하여 사람이 미치지 않도록 보호해 준다. 즉 자아는 욕망과 처벌 사이에서의 중재자인 것이다.

프로이트의 딸인 안나 프로이트Anna Freud는 아버지의 여러 연구들을 이어받아 계속 진행해 왔으며, 방어기제라는 프로이트의 개념은 안나 프로이트에 의해 이 세상에 빛을 보게 되며, 전 세계적으로 널리 인정받고 있는 이론이 되었다.

딸과 아버지 모두 방어기제에 대해 연구한 것은 맞지만, 안나 프로이트는 그중에서도 특히, 억압抑壓, 퇴행退行, 투사投射, 반동형성反動形成 그리고 승화昇華에 대한 연구에 집중하였다. 이 다섯 가지 방어기제는 모두 불안에 대한 반응이며 의식과 무의식이 사회적 상황과 스트레스를 다루는 기전이다.

일반적으로 개인이 심리-정신적 안정, 안전을 위해 사용하는 심리적 도구들이므로 한 가지만이 아닌 여러 가지 기제가 중복되어 사용될 수 있다. 평소에는 정상적인 방어기제를 사용하다가도 도저히 정상적인 방법이 통하지 않을 경우 비정상적인 방어기제를 사용한다. 자아의 붕괴를 막기 위한 어쩔 수 없는 선택이다. 즉, 성숙한 인격이어도 병리적, 혹은 미성숙한 방어기제를 사용할 때가 있다는 것이다.

방어기제(방어기전)는 크게 네 가지로 분류될 수 있다.

① 병리적-정신병적pathological, psychotic 방어기제

② 미성숙한immature 방어기제

③ 신경증적neurotic 방어기제

④ 성숙한mature 방어기제

가장 열악한 수준의 기제인 병리적-정신병적 방어기제를 주로 사용한다는 것은 그 사람이 그만큼 병이 심하다는 뜻이며, 성숙한 방어기제를 주로 사용한다는 것은 그만큼 인격적으로 성숙되었고 고결하다는 의미이다.

자기 자신을 돌아보면서 읽어 나가면 더 유익하고, 우리가 알고 있는 정치인들을 떠올리면서 읽어 나가면 사람을 보는 분별력이 조금 높아진다.

병리적, 정신병적 방어기제pathological, psychotic defense mechanism

• • • •

덜 성숙된 어린이 시절이나, 성인기의 꿈속에서는 정상적으로 나타날 수도 있지만 대부분 병적인 상태에서 보이는 방어기제이다. 하지만 정신병의 병리가 심하게 발생된 상태에서 더 이상의 자아붕괴를 막으려는 생존을 위한 배수진이나 마찬가지이다. 쥐도 구석에 몰리면 공격을 시도한다고 한다.

다음과 같은 기제들이 있다.

1) 전환conversion

심리적 갈등이 신체증상으로 나타나는 것을 말한다. 히스테리아 hysteria라고도 불리는 이 현상에는, 의식하지 못한 상태에서 발생하는 급작스러운 시력상실, 청력상실, 신체의 마비 및 감각저하 등이 있다. 군대에 끌려가기 싫어하는 젊은이들에게 잘 발생된다. 물론 의도적인 꾀병은 아니다. 무의식적으로 발생한다.

2) 망상적 투사delusional projection

외부 환경에 대한 망상delusion이다. 망상이란 실체가 아닌 것을 실제라고 믿는 것이며, 착각illusion과 다른 점은, 적절한 설득 노력에도 불구하고 그 믿음이 교정되거나 변하지 않는다는 것이다. 착각 illusion한 사람은 비록 오해를 했더라도 실제 상황을 파악하면 금방 깨닫고 교정된다. 망상은 그렇지 않으며 오히려 잘못된 믿음이 강화될 수 있다. 망상으로는 주로 피해망상(남들에게 지속적이고 체계적으로 피해를 입고 있다고 믿는)적 요소가 주를 이룬다. 자신들만 피해를 입고 있다고 생각하는 일부 이익집단, 지역주의 및 소수약자 집단의 행동에서 유의해 보아야 할 부분이다.

3) 부정denial

현실이 너무 위협적이므로, 현실 자체를 받아들이기를 꺼리는 것이다. 불안을 촉발하는 현실을 제어하지 못하고 마치 그 자극이 아예 없는 것처럼 대응하게 된다. 현실 부정이라고 할 수 있다. 항간

巷間에는 법정이나 청문회에 갔을 때에 사용하기 아주 사용하기 편리한 대응방법인 "아니요, 모릅니다." 식의 전법이 유행이지만, 이것은 의식적인 거짓말일 가능성이 높으므로, 방어기제인 '부정'이라고 보기에는 어렵다.

4) 왜곡distortion

내적 요구를 만족시키기 위해서 외부현실을 대폭 재구성하는 것이다. 정치인들은 자신들은 물론, 남들에게도 왜곡된 사실을 강요하는 경향이 짙다. 사슴을 가리켜 사슴이라 하면 죽음을 당하였다고 한, 지록위마指鹿爲馬가 좋은 예일 것이다. 현실을 왜곡하면 마음은 많이 편해진다. 자신의 눈만 가리면, 이 세상이 보이지 않으므로, "이 세상은 존재하지 않는다"고 외칠 수 있을 것이다.

5) 극단적 투사extreme projection

도덕적, 심리적 결함으로 인한 노골적인 부정denial을 뜻한다. 그 결핍은 상대방에게 그대로 드러나 보여진다. '노골적'이라는 뜻을 가진 영어단어가 'blatant'인데, 다른 뜻으로는 '못마땅함, 나쁜 행동이 노골적인, 뻔한'의 의미를 가진 형용사이다. 영한사전 속의 예문이 예사롭지 않다.

a blatant attempt to buy votes.

돈으로 표를 얻으려는 노골적인 시도.

6) 분리, 분열조장splitting

아주 원시적 형태의 방어기제이다. 해로운 충동과 이로운 충동을 분리하여 흩어놓은 뒤에 해로운 것은 다른 사람에게 전가(투사projection)해 버린다. 이러한 기전을 사용하는 사람은 모호하거나 결정하기 어려운 감정을 처리하는 데 어려움을 겪기 때문에 자신의 경험과 갈등들을 모두 절대적으로 나쁘거나 절대적으로 좋은 두 가지의 극단으로 분류한다. 그러고 나서 나쁜 것은 상대방에게 투사하고 좋은 것은 자신에게 투사시킨다. 흑백논리, 적반하장, 네가 하면 불륜 내가하면 로맨스 등이 적절한 예가 될 것이다. 이간질이나 편가르기와 관련이 깊은 기제이다.

이쯤 되면, 왠지, 우리 정치인들의 모습을 숨김없이 있는 그대로 보고 있는 듯하지 않은가? 자라나는 우리 아이들이 무엇을 보고 배울지 걱정스럽다. 19세 미만에게는 정치뉴스를 보지 못하게 해야 하는 것은 아닌지?

미성숙한 방어기제immature defense mechanism

• • • •

불편한 현실이나 주변의 위협적인 대상에 대한 불안감으로 인한 괴로움으로부터 벗어나기 위하여 사용되어지는 기제이나, 사회적으로 바람직한 것은 아니다. 이러한 기제를 자주 반복하여 사용하게 되면 효율적으로 대처할 수 있는 능력에 심각한 손상을 입을 수 있다. 이러한 미숙한 방어기제로도 자아붕괴를 막지 못하면 정신병적 상태에 빠지게 된다.

1) 행동화acting out

충동이나 무의식적 요구를 의식적으로 인식하지 못한 상태에서 그대로 표출해 내는 것을 말한다. 즉, 자제가 안 된다는 것이다. 이건 우리 국회에서 자주 보던 모습이다. 하지만 청소년들 교육상 좋지 않으니 여의도가 아닌 다른 나라의 국회의사당으로 실습을 보내보자. 책 속에서 적나라한 액팅아웃의 동영상을 보여드리지 못하는 점이 아쉽다. 원하시면 검색을 통해 인터넷 동영상으로 보실 수 있다.

2016년 5월 3일 SBS 뉴스의 앵커 멘트이다. "터키 의회에서는 깡패들의 패싸움을 방불케 하는 집단 난투극이 벌어졌습니다. 국회의원의 불체포 특권을 폐지하는 법안을 둘러싸고 야당 탄압을 위한 것이라는 논란이 거셉니다."

2) 공상fantasy

내부적 외부적 갈등을 해소하기 위해 현실을 외면한 공상(상상) 속으로 후퇴하는 것이다. 공상空想의 문제점 중 하나는, 실천은 없이 끊임없이 공상에만 시간과 노력이 모두 소모된다는 점이다. 공상과학 영화나 소설 등을 통해 이미 익숙해져 있는 단어이기에, 왜 공상이 미성숙한 방어기제에 포함되느냐는 의문을 가질 수도 있겠다. 감나무의 감을 직접 따먹지 않고 감이 떨어질 때까지 누워서 입을 벌리고 있는 상태를 연상하시면 이해가 쉬울 것이다. 공상을 너무 오래 자주하면 망상이 될 수도 있다. 여기서의 공상은 창의력과도 조금은 다른 개념이다. 상상은 자유라는 말이 있다. 이래서 유언비어가 통하는 것이다.

3) 이상화idealization

상대방의 재능을 실제 있는 것보다 과장되게 평가하려는 경향이다. 자신이 이상화시킨 인물을 남들이 헐뜯으면 불쾌하고 칭찬하면 기분이 좋은 것도 이러한 영향 때문일 것이다. 가끔은 누가 봐도 형편없는 지도자감을 최고라고 부추기는 걸로 보아, 이상화라는 기제에 있어서는 유권자인 우리 국민들 쪽이 정치인들 보다 훨씬 더 재능이 있는 것 같다.

4) 함입introjection

특정한 아이디어나 특정 대상을 따라하고 닮아가다가 동일하게 되는 것을 말한다. 자신보다 특정 상황을 잘 해결해낼 것 같은 사람의 속성을 차용借用할 때 발생한다. 동일시identification와도 유사하며, 일종의 몰두沒頭를 하는 현상이다. 전문가들에게도 매우 어려운 개념이지만, 유명 연예인들의 소품이나 옷을 입고 싶은 심리 혹은 문신文身이나 동일집단임을 나타내 보이는 심볼(상징물)의 사용 등도 함입과 관련이 있다. '잘되면 같이 흥하고 잘못되면 같이 망한다.'는 식의 단체의식이던지, "당신 지금 누구 코스플레이 하는거냐?" 식의 비아냥거림은 "네가 그 사람에게 함입 혹은 합일화 되었느냐?"는 질문과 유사하다. 이번 것은 상상은 자유가 아니라, 착각도 자유라는 뜻이다. 유사한 개념으로 합일화incorporation가 있다.

5) 수동공격성passive aggression

상대에 대한 공격심을 간접적이고 비적극적인 방법으로 표현한다. 가장 많이 사용되는 방법으로는, 충분히 처리할 시간을 주었음에도 불구하고 반드시 처리되어야만 하는 일을 미룸으로 인하여 상대방에게 피해를 주게 되는 경우가 있다. 또는 아무리 화가 나더라도 자신이 먼저 흥분하여 날뛰지 않고 오히려 상대방이 흥분하여 날뛰다가 어딘가에 걸려 넘어지게 하거나 실수를 하게끔 하여 피동被動적으로 공격하는 방식이다. 침착한 듯 음흉한 듯한 타입의 정치인들이 실제로 존재한다. 자신이 공격하지 않고 남의 힘을 이용한다. 상대방의 흑색선전에 대응하기에 좋은 전략이다. 한국 정치에 도입이 시급하지만, 이미 일부 공무원들은 이 방법에 달인이 되어 있다.

6) 투사적 동일시projective identification

투사적 동일시는 방어기제를 사용하는 당사자 자신이 느끼는 감정이 아니고 투사된 대상, 즉 상대방이 느끼게끔 하는 감정이라고 보면 된다. 방어기제를 사용하는 사람의 무의식적 환상이 상대방에게 강요되는 것을 말한다. 예를 들면, "너는 정말 나쁜 사람이야!"라는 비난을 자주 받다 보면, "내가 정말 나쁜 사람 인가봐?"라는 생각이 들기도 하는 것이다.

뒤에 다시 나오겠지만, 쇼비니즘Chauvinism적인 맹목적 추종을 넘어, 자신이 맹신하던 인물에게 갑자기 가당치도 않은 요구를 강요하는 경우가 종종 발생한다. "내가 너를 얼마나 좋아하고 지지하고 여러 사람들에게 칭찬해 왔는데, 네가 나를 모르는 척하고 무시해?" 식의 접근 방식이라고 볼 수 있다. 만약 지도자가 이러한 미성숙한 사람의 눈치를 봐야만 하는 입장이라거나 약점을 잡힌 경우라면, 잘못된 것임을 알면서도 계속 부탁을 들어주어야 할 때가 있다. 참으로 불행한 일이지만 광팬fanatics한테 곤욕을 치러 본 아이돌들이나, 측근들에게 불합리한 청탁을 받아본 지도자들은 이 기분을 십분 이해할 것이다. 강요된 역할을 해주지 않을 경우, 이들은 스토커나 사이코패스처럼 복수를 결심하기도 한다. 누군가가 나를 맹목적으로 응원해 준다고 해서 마냥 좋아할 일은 아니라는 뜻이다.

7) 투사projection

피해망상 혹은 편집증paranoia의 원시적 형태이다. 전가轉嫁하다는 의미의 우리말 뜻인, '잘못이나 책임을 다른 사람에게 넘겨씌움'의 표현이 이해하기 쉬울 것 같다. 이렇게 함으로써, 자신은 책임과 불편함과 양심의 가책에서 벗어나는 데 큰 도움을 받을 것이다. 투사할 수 있는 것들로는 사상, 감정, 믿음, 동기 등 여러 가지가 존재한다.

8) 신체화somatization

앞서 정신병적 방어기제 중에 전환轉換, conversion이라는 기전을 살펴보았다. 신체화는 전환이라는 기제가 보다 약화된 형태로, 상대방에 대한 불편한 기색이 자신에게로 옮겨오는 것을 말한다. 쉽게 설명하자면, 학교나 직장에 보기 싫은 사람이나 언짢은 일이 있는데, 아침에 병이 나서 학교나 직장에 가질 못하게 되는 경우이다. 무의식적으로 발생하는 신체화와는 달리 꾀병은 일종의 의식적 신체화 증상이다. 꾀병이라 무시만 하고 야단만 칠 것이 아니라, 그 원인을 찾아 해결해 주어야 건강한 삶을 되찾을 수 있다. 군대에서도 의무실을 자주 찾으려는 신병들에게는 내무반에서의 문제가 반드시 있다. 잘 돌봐줘야 한다. 현상만 보는 사람은 원인을 찾으려 하지 않는다. 어머니들이 자식들에게 자주하는 "너 때문에 골치가 아프다." 라고 말이 쉬운 비유가 될 수 있겠다.

9) 소망적 사고wishful thinking

실제 증거나 이성理性 혹은 현실에 입각하지 않고 상상하면 기분 좋은 쪽을 선택하거나 결정하는 것을 말한다. 불편한 감정은 되도록 피하려 하기 때문에 일시적으로 피했다가 다시 돌아와도 현실은 그대로일 가능성이 많다. 아니, 더 나빠져 있을 가능성이 높다. 실현 가능성도, 대책도 없는 대중영합주의populism를 통한 허황된 비전으로 국민들에게 헛된 희망을 심어주는 경우도 여기에 해당되는 좋은 예이다. 뜬구름 잡는 이야기라고 볼 수 있다. 하지만 일부 지도자들은, 이것을 미화하여 '자신만의 창조적 비전creative vision'이라고 바꾸어 부르기도 한다.

이상은, 병적, 미성숙한 방어기제들에 대한 설명이었는데, 더 무슨 설명이 필요하랴? 방금 우리는 소위 '정치학'에 입문한 셈이나 마찬가지이다.

신경증적 방어기제neurotic defense mechanism

• • • •

성인들에게 있어서 흔히 사용되는 방어기제이다. 단기적인 대처법으로는 효과적일지는 몰라도 너무 자주 사용하게 되면 대인관계, 일 그리고 인생을 즐기는 측면에서 만성적인 문제를 일으킬 수 있다. 우리가 일상생활 중에 가장 흔하게 사용하고 있는 방어기제들이다. 이런 양상을 보인다고 이상한 것은 아니며, 마음속에 고뇌가 있고 판단력이 유지되고 있음을 증명해주는 양상들이다. 하지만, 이러한 신경증적 방어기제를 사용하여 자아를 지키기 위한 방법이 실패로 돌아갈 경우, 우리는 앞서 설명한 미성숙한 기제들을 동원하게 된다.

1) 전치displacement

성적이거나 공격적인 충동을 보다 받아들일 만하고 덜 위협적인 대상으로 옮겨놓는 것을 말하므로, 감정을 보다 안전한 출구로 내보낸다는 뜻이 된다. 가장 흔한 예는 남편한테 화가 난 아내가 남편과 가장 닮은 아들한테 대신 화를 내는 것이다. 엄한 놈이 물벼락을 맞고, 약하고 힘없는 놈이 대신 얻어맞는 경우도 여기에 속한다. 2차 대전이 일본의 패망으로 끝나지만 일본이 분단되지 않고 오히려 피해자인 조선이 둘로 분단된 것도 비슷한 기전에 속한다. 희생양이란 표현도 이 기제와 관련이 있다. 대치substitution라는 기제도 유사한 기제이다. 똑같은 의미는 아니겠지만, 종로에서 뺨 맞고 한강에서 화풀이한다. 무전유죄 유전무죄, 또는 특정 집단 내에서의 분노심이나 갈등 해소를 위해 약자집단에게 죄를 뒤집어씌워 괴롭히는 경우가 해당되겠다. 1923년 관동대지진 당시에 조선인들을 학살한 사건이 이런 유형에 포함될 수 있겠다.

2) 해리dissociation

감정적 고통을 피하기 위해 일시적으로 급격하게 자신의 본질과 성격을 바꾸는 것을 말한다. 특정 상황이나 생각으로 인해 생길 수 있는 느낌을 분리시키고 연장시키는 것을 말한다. 고문을 당할 때에 그 고통을 줄이기 위한 자기최면 등이 그 예이다. 신체화나 수동적 공격성과도 연관이 있는 기제이다. 더 진행될 경우 둔주遁走, fugue 혹은 과학적으로는 증명된 바 없는 유체이탈까지 나타날 수 있다. 운동선수들이 "할 수 있다"며 끊임없이 자기 최면을 거는 것도 이러한 방식을 응용한 것이다. 둔주 현상은 매우 드문데, 예를 들자면, '대기업 이사로 재직하던 사람이 엄청난 스트레스를 받다가 실종되었는데, 자기도 모르게 외딴 섬에서 어부로 일하고 있더라는 식'의 상황을 말한다.

3) 건강염려hypochondriasis

자신이 심각한 질병을 앓고 있다고 걱정하거나 과도하게 집착하는 것을 말한다. 특정한 상황에 대한 회피 이유를 합리화 시켜준다. 멀쩡하다가 검찰에 불려 나올 때에는 링거를 단 채로 휠체어를 타거나 침대에 실려 나오는 경우를 자주 볼 수 있다.

4) 지식화intellectualization

일종의 고립화isolation과정이다. 불안감을 불러일으키는 눈앞의 감정이나 생각을 떨쳐 내고 거리를 유지하여 마음의 평정을 찾으려는 목적으로, 감정적인 불편함은 피하고 눈앞에 펼쳐진 사실이나 현실을 마치 관찰자적 입장에서 감정 없이 바라보고 평가하는 것을 말한다. 즉, 감정은 피하고 객관적이고 지적인 부분만을 골라내어 그것에 집중하는 것이다.

계획에 없었던 사고이건 고의이건 세계 곳곳에서 벌어지는 군사작전 중에 벌어지는 대학살극은 이러한 지식화를 통해 합리화된다. 잔인한 사건현장에 투입되어야 하는 경찰들도 감정을 억누르기 위한 지식화를 많이 사용한다. 비참한 현장을 취재한 기자는 상황을 정확하게 보도하기 위해서는 감정을 배제하고 비정하게도 정밀한 현장 묘사를 하여 뉴스를 내보내야만 한다. 이런 것도 일종의 지식화 과정이다.

감정 없이 지적인 방법만으로 사랑을 한다면, 그 사람은 사랑이 뭔지를 모르는 사람일 것이다. 사랑한다는 말조차도 안 하는 것보다는 낫겠지만, 매일 사랑한다는 말만 하고 포옹은 한 번도 안 해주는 건 왠지 어색하다. 감정을 드러내지 않고 건조한 객관성과 판단력만을 보여야 하는 것이 외교관들에겐 필요한 방어기제이다.

5) 격리isolation

앞의 지식화와 관련이 있다. 떠오르는 생각과 실제사건에서 느껴지는 감정을 분리시키는 것이다. 마치 강 건너 불구경 같은 시추에이션을 만들어 내는 과정이다. 예를 들어 살인사건에 대해 생생한 묘사를 하면서도 감정적 반응은 보이지 않는 것 등을 의미한다. 일본 사람들의 속마음이라는 뜻에서 자주 사용되는 '혼네ほんね'는 이들이 재해나 잔혹함에 익숙해져서일지도 모른다. 지진 피해현장

에서의 인터뷰에 응하는 일본인 피해 주민들이 보여주는 침착한 듯 무감정한 듯한 표정이 하나의 예가 될 것이다.

6) 합리화rationalization

변명을 하는 것과 유사하다. 잘못된 생각과 거짓된 근거를 가졌었음에도 불구하고 아무런 잘못된 것이 없다고 자기 스스로를 확신시키는 것이다. 사회적 표현으로는 '자기에게 편리한 쪽으로의 변명을 이끌어내기, formulation of convenient excuses' 라고도 표현된다. 아마도 우리 모두가 사회생활을 하면서 가장 많이 사용하는 기제일 것이다. "저 사람이 먼저 욕을 해서 때렸다"든지, "저 놈은 맞아도 싸다"라는 식의 논리가 합리화이다.

7) 반동형성reaction formation

위험하거나 혹은 받아들여질 수 없을 것으로 느껴지는 무의식적 욕망과 충동을 해결하기 위해 피하지 않고 오히려 맞서는 행동을 말한다. 자신이 원하거나 느끼는 것과 정반대의 행동을 하게 된다. 나쁜 사람이 애써 착한 척하거나 착한 사람이 나쁜 사람인 척 하는 경우에 해당되며, 이것이 생산적인 결과를 낳기도 한다. 가령 높은 곳에만 올라가도 두려움을 느끼던 사람이 낙하산을 자주 타야 하는 공수부대에 입대하는 식의 행동을 말한다. "피할 수 없으면 즐겨라?" 이러한 반동형성이 성숙한 쪽으로 발전되면, 아래에 소개할 승화라는 방어기제가 된다.

8) 퇴행regression

받아들이기 힘든 충동을 보다 성숙한 방법으로 다룰 수 있음에도 불구하고 일시적으로 자아自我를 발달단계의 초기 단계로 후퇴시키는 것이다. 예를 들면, 이미 적절한 성숙기를 걸쳐 대화능력이 충분히 습득되었음에도 불구하고 징징거리거나 투덜대는 대화 방법을 선택하여 위기를 벗어나려 한다면, 이것은 어릴 적으로 물러나는 퇴행현상이다. 단순한 동작위주의 코미디slapstick comedy를 보다가 갑자기 웃음보가 터지며 크게 웃는 것도 순간적 퇴행현상이라고 보는 견해가 있다. 위기에 처한 우리들은 어린아이처럼 굴면 혹시 용서를 받을까 해서 순간적으로 퇴행현상을 보이며 눈물을 보이기도 한다.

9) 억압repression

뒤에 언급할 억제suppression와 혼동하기 쉬운 용어이다. 억제와의 큰 차이점은 억압현상은 의식적이 아닌 무의식적인 상태에서 벌어지는 현상이다. 욕구가 만족되었을 때에 올지도 모를 위협적인 상황을 염려하여 무의식적 욕망이 의식의 선을 넘어서는 것을 자동으로 방지한다. 인간이 가진 '양심의 무의식적 단계'라고 생각하면 이해가 쉽다. 자신도 모르는 사이에 무의식적으로 자제를 하고 있는 상황이다.

10) 취소undoing

인간은 받아들여질 수 없는 불건전한, 파괴적, 위협적인 생각을 하지 않으려고 한다. 어쩔 수 없이 이러한 생각이나 행동이 발생할 수밖에 없을 경우, 죄의식을 일으키는 생각이나 아이디어를 고백이나 속죄를 통해 상징적으로 무효화無效化하는 것을 말한다. 신약성경에 등장하는 로마정부에서 파견된 유대지역 총독인 빌라도Pilatus Pontius가 '자신의 죄 없음을 상징하듯' 손을 씻은 행위가 대표적인 예가 될 것이다.

11) 상향적 비교와 하향적 비교upward and downward social comparisons

자기평가에 대한 방어적 경향을 말한다. 자신보다 잘사는 사람이나 집단과 비교하거나 못사는 집단과 비교하여 자신의 현재 상태에 대한 만족감을 얻으려는 시도에서 발생한다. 예는 아주 쉬울 것이다. 부모는 자식이 공부를 못 할 때에는 공부 잘하는 다른 집 아이와 비교하고, 우리 집만 가난하다고 불평하는 자녀들에게는 더 못사는 집과 비교를 한다.

별로 유명하지 않은 미국 농담 중에, 이런 것이 있다. 영특하지 못한 아들에게 못마땅한 듯 아버지가 한마디를 던진다. "케네디 대통령은 너 나이 때 벌써 신문을 읽었단다." 그러자 아들이 대답한다. "케네디는 아빠 나이에 벌써 대통령이 되었지요."라고.

12) 철회withdrawal

이것은 극히 심한 형태의 방어기제로서, 개인에게 고통스러운 생각과 기분을 일으키는 사건, 자극 및 상호작용들을 무의식, 의식적으로 아예 제거해 버리는 것을 말한다. 취소라는 방어기전과 관계가 있다. 회피적 인격장애나 정신분열성 인격장애에서 나타난다.

성숙한 방어기제mature defense mechanism

• • • •

정서적으로 건강하거나 성숙하다고 여겨지는 사람들에게서 발견되는 방어기제이다. 비록 성숙한 기전이라고는 하나, 이러한 기제들은 미성숙했던 과거의 발달단계를 거치면서 완성된다는 점을 잊어서는 안 된다. 이러한 기제들을 사용하는 사람들은 삶을 살아오는 동안 인간사회와 대인관계 속에서의 최적화를 이룩한 사람들로서, 기쁨을 증진시키고 통제된 감정을 누리기 위하여 이러한 방어기제를 사용한다. 성숙한 방어기제들은 상충된 감정과 생각을 통합시켜 효율성을 유지한다. 이름 하여 '고결高潔'한 기제들이다. 유권자들은 지도자를 선택할 때에 특정 후보들이 성숙한 방어기제를 자주 사용하는지 여부를 잘 살펴야 한다.

1) 수용acceptance

보편적으로 어렵고 불편하다고 볼 수 있는 상황을 억지로 바꾸거나 대항하거나 빠져나가려고 하지 않고 현실 상황을 받아들이거나 인식하는 과정을 말한다. 받아들이기는 싫지만, 현실적으로 바꾸기도 어려운 입장에 처했을 때에, 변화를 일궈내기 위해서는 엄청난 위험이나 대가가 치러질 것으로 예측됨에도 불구하고 겸허하게 현실을 받아들이는 능력을 말한다. 종교나 심리적 치료는 이런 상황에서의 적절한 수용방법을 제시해주곤 한다.

2) 이타주의altruism

자신이 아닌 다른 사람들에 대한 건설적인 봉사를 통해 자기만

족뿐만 아니라 집단의 즐거움을 가져오는 경우를 말한다. 통상적인 자원봉사 활동으로부터 자신을 희생시켜 남을 살리는 의인義人들까지 그 범위가 넓다.

3) 예견anticipation

미래에 닥칠 불편함에 대처할 실질적 계획수립 능력을 말한다.

4) 용기courage

갈등, 공포, 고통 그리고 위험 및 예측불허의 상황, 절망, 장애물, 우여곡절과 협박 등을 직면할 의지와 능력을 말한다. 신체적 용기는 사람을 살리고 도덕적 용기는 정의와 공평성을 유지해준다.

5) 감정적 자기조절emotional self regulation

파도처럼 밀려드는 격한 감정이나 주변의 집요한 요구상황들에 사회적으로 용납될 수 있는 방법으로 대처하는 요령이다. 자신의 다양한 감정의 강도, 지속시간 혹은 표현방식 등을 조절할 수 있어야 한다.

6) 감정적 자기만족emotional self sufficiency

남들의 평가나 비하에 좌우되지 않는 품성을 말한다.

7) 용서forgiveness

모욕, 의견충돌, 혹은 실수에 대해 한이나 분노를 품는 것을 멈추는 것을 말한다.

8) 감사gratitude

다양한 계층의 사람들에 대한 감사와 공감의 느낌을 갖는 것. 이러한 행동은 보다 높은 차원의 행복을 가져오고 우울감과 스트레스를 감소시키는 것으로 되어있다. 세계역사를 돌이켜 보건대, 감사의 마음은 종교와 심리학적 이론의 중심적 가치를 이루고 있다.

9) 겸손humility

자신의 단점을 고려하여 겸손한 태도를 취하는 것을 말한다. 겸손은 총명한 자기존중 행위로서, 자신을 너무 과대하게 혹은 비하적으로 받아들이는 것을 막아준다. 하지만 실제로 사람의 마음속에 겸손함이 충만해 있다면 누가 대통령으로 나서겠는가? 겸손한 후보는 없다.

10) 유머humour

직접적으로 거론하기에는 심한 불편함을 주거나 너무도 끔찍한 아이디어나 표현임에도 불구하고 오히려 역설적으로 주변 사람들에게 즐거움을 주는 행위를 말한다. 이러한 유머는 비장함의 페이소스를 자아낼 수 도 있다. 자학증masochism이나 가학증sadism과는 구분되어야 할 것이다. 고통의 본질이 변하는 것은 아니지만 재미있는 익살witticism을 통하여 문제를 회피해 가는 기법이다.

자기를 비하하면서 남들도 퇴화시켜 웃음을 일으키게 한다고 봐도 될 것이다. 처지를 비관하는 듯하여, 비록 웃음이 나지만 오히려 비장悲壯함이 더해진다고 보면 이해가 쉬울 것이다.

제40대 미국 대통령인 로널드 레이건[5]은 1981년 그에 대한 암살

시도로 죽을 정도의 부상을 입은 상태임에도 불구하고, 수술은 앞두고 마취를 시행하려는 의사들에게 이런 말을 건넨다. “제발 당신들이 공화당 지지자들이라고 말해주세요Please tell me you’re Republicans.” 공화당 출신 대통령이었던 레이건이 초죽음 상태에서 던진 유머이다. “네 저희들은 모두 공화당원입니다”이라고 집도의가 대답했지만, 나중에 자신은 민주당 지지자였다고 고백했다. 대통령이나 의사나 둘 다 유머감각이 있었던 모양이다.

11) 자비mercy

힘 있는 사람이 약자弱者에게 동정同情을 베푸는 행위이다. 대통령의 특별사면은 사실 지도자의 자비로움을 나타내기 위해 만들어진 제도이다. 힘 있는 사람들끼리만 서로 간에 자비를 베푸는 행위는 자비가 아니라, 짜고 치는 고스톱이다.

12) 마음 기울이기mindfulness

관심을 주는 마음, 편협하지 않음, 그리고 기꺼이 받아들이는 지향志向적 방향을 갖추는 것이다.

13) 중용moderation

극단에 치우치지 않고 이성적인 선을 지키는 것. 이것은 고도의 자기절제가 필요한 기제이다.

14) 인내patience

쉽게 풀리지 않고 지체되어지는 일들, 도발, 비난, 공격 등의 어려운 환경을 소극적이거나 부정적인 방법으로 반응하지 않고 직면하면서도 일정시간 견디어 내는 능력. 인내심은 사회의 많은 분야에서 큰 덕목으로 여겨지고 있다.

15) 존중respect

배려와 고려의 의지를 보여주는 것. 존중하는 마음 없이 쌓여진 인간 대 인간의 접촉이나 관계는 오래 지속될 수가 없다. 존중하는 마음의 부재不在는 수많은 가족, 사회 및 국가들 간의 갈등의 핵심적인 원인이 된다.

16) 승화sublimation

쓸모없는 감정이나 본능을 건전한 행동으로 바꾸어 분출해 내는 것을 말한다. 스포츠가 전쟁을 대체시킨 것은 대표적인 승화기제로 볼 수 있다. 현대에는 건전하게 보일지 몰라도 과거의 문화 속에서는 무척이나 잔인했던 진실이 감추어져 있는 경우가 많다. 어린이들에게 읽히고 있는 안데르센 혹은 그림형제의 동화fairy tale의 원래 모습은 잔혹한 내용의 설화說話, tale였다는 이론은 자주 등장한다.

예쁜 여성들이 옷 벗는 것 보기를 좋아하는 엉큼한 아이가 커서 유명한 패션 디자이너가 되는 것도 승화의 한 단면이다. 패션쇼를 하려면 자기 모델들한테 직접 옷을 입혀봐야 하기 때문이다.

17) 억제suppression

실질적으로 존재하는 현실에 대처하기 위해 자신의 생각과 감정을 의식적 수준에서 절제할 수 있는 능력으로, 앞서의 억압repression

과 조금은 다르다. 당장은 불편하고 괴롭더라도 잠시 동안 억제함으로서, 나중에 해결방법을 찾게 되기도 한다.

18) 관용tolerance

못마땅하게 생각하면서도 의도적으로 용납하거나 허용하는 행위.

앞서, 고결하다고 표현하였듯이, 이러한 성숙한 방어기제들이 드러나 보이는 후보가 지도자로 선출되는 것이 바람직하다. 물론 고결한 방어기제들을 주로 사용하는 것으로 보였던 사람들도 구석에 몰리거나 탈출하기 어려운 위기에 봉착하면 신경증적 방어기제를 동원하게 된다. 당선되기 이전에는 보이지 않았던 신경증적 혹은 미성숙한 방어기제를 임기 중에 보일 수 있다는 의견은 상당히 근거 있는 이야기이다. 책임이 큰 업무를 맡을수록 쉽게 예민해질 수밖에 없다. 추후에 허락이 된다면, 지도자들이 겪게 되는 스트레스와 이로 인한 인성의 변화에 대한 연구도 시행해 봄직 하다.

이상에서 본 대부분의 방어기제에 대한 용어들은 우리들이 흔히 일상적으로 사용하는 단어들임에도 불구하고, 정신-심리적으로는 뉘앙스의 차이가 상당히 많다. 향후의 추가적이고 발전적인 연구조사를 위해 그 정의를 가능한 쉽게 풀어보려 하였지만, 여전히 이해가 어려운 점에 대해서는 독자 분들의 양해를 구하고 싶다.

여기에서 언급하지 않은 기제가 몇 가지 있는데, 살인의 또 다른 형태로써의 자살 그리고 우울증과 관련된 매카니즘을 설명할 때 사용되는, '자기 자신으로 향해진 살인적 분노심turning against one's own person', 어릴 적 학대받은 피해자가 성장하여 자신을 괴롭혔던 가해자와 동일한 행동을 다른 사람에게 그대로 보이는 '공격자와의 동일화identification with the aggressor'와 같은 방어기제들도 존재한다. 갑과 을이 뒤바뀌었을 때에 을이 이전의 갑과 같은 행동양식을 보이는 경우도 많다. 동병상련이라고 같은 피해자의 입장을 이해해 줄 듯하지만, 결국은 거꾸로 가해자의 심성에 더 가까워진다는 것이다.

갑자기 방어기제라는 것이 다루어져서 당황한 독자 분들도 계실 것이다. 우리의 정치현실을 이해하고 문제점을 반영하기에 비교적 적절하다는 생각에 심리적 방어기제를 소개한 것이다. 정신적이거나 심리적 상태를 표현할 다른 방법도 수도 없이 많다. 하지만 이러한 기본적인 방어기제들을 조금이나마 이해해야만 인격 혹은 성격의 장애, 사이코패스, 소시오패스 및 품성과 성숙도의 정도를 판단하기가 수월해진다.

다소 어렵고 생소하게 느껴질 부분도 많지만, 지도자는 어렵고 까다롭게 선출해야 하는 것이다. 대한민국의 정치가 한층 더 성숙해지기 위해서는 정치현실 및 정치인들에 대한 정신-심리적 접근 방법의 계발과 발전이 반드시 이루어져야 한다. 우리는 너무 가볍게 지도자를 뽑고 있다. 뽑고 나서 후회 말고 뽑기 전에 다시보자.

지도자의 말과 인격 검증

• • • •

여기서 우리는 크게 의문이 생긴다. 무려 5선, 그리고 15년 간 국회의원직을 역임해온 '박근혜'라는 인물에 대한 정신적 심리적 상태를 왜 아무도 파악하지 못하였는가? 라는 의문이다. 혹자는 엄청난 외압 때문이었다고 한다. 국가기관들은 당연하고, 언론, 재벌 등 각종 여론들이 잠정적 지도자들의 눈치를 보기 때문이라고 한다. 해당 후보가 당선되었을 경우의 후폭풍을 두려워하는 것이다. 하지만 만약 이를 인증과정의 한 부분으로 인사청문회처럼 법으로 의무화 한다면, 물론 형식으로 그칠 가능성이 높지만, 당연히 받아들일 수밖에는 없을 것이다.

앞서 지도자로서의 품성을 언급할 때에 말씀드렸듯이 개인의 심리에 끼쳐지는 여러 가지의 복합된 요인들에 의해 하나의 인간의 본질이라는 것이 생성되는데, 이러한 복합적 요인들 중 몇 가지는, 자신의 내부가 아니 외부세계와 반응하는 한 개체로써의 본질이라는 것들도 존재한다. 개인이라 불리는 하나의 인간은 생물학적 존재, 사회적 존재, 심리적 존재, 기술-정보적 존재이며, 이것들과 개인의 내부적 요인들의 공통분모가 궁극적인 인간성humanity을 형성한다고 보고 있다. 그러나 특정사회의 지도자가 되기 위해서는 이러한 기본 요건보다 더 많고 훨씬 까다로우며 복잡한 반응들을 처리할 수 있어야만 할 것이다.

추가적으로 갖추어야 할 능력들도 존재하는데, 모든 능력이 동등하게 중요하며 상호간에 균형을 잘 잡고 있어야만 한다. 정신적, 심리적, 신경-인지 기능적, 사회적, 인류학적, 법적, 사회-역학적, 대인소통, 진실판단, 정보수집, 역사, 군사, 외교, 정치, 경제, 경영-효율성 분석, 자료 분석 및 컴퓨터 과학을 다룰 줄 아는 능력까지 모든 것이 포함된다. 가히 철인鐵人적인 능력을 보유해야 할 것이다. 하지만 어쩔 수가 없다. 이토록 완벽에 가깝지 못하다면 누구나 다 대통령 하겠다고 나섰을 것이다. 그냥 국민들끼리 공평하게 제비뽑기로 순번을 정해서 돌아가면서 대통령을 한다면, 아무도 불만이 없을 것이다.

미국의 대통령 당선자였던 트럼프는 대뜸 대만의 차이잉원蔡英文 총통과 전화 통화를 함으로써, 중국의 시진핑 주석을 자극한 바 있다. 사실, 국제사회는 차이잉원 총통보다는 대한민국의 박근혜 전 대통령을 주목하고 있었다. 박근혜가 대한민국 최초의 여성 대통령으로 당선되자, 1986년에 이미 탄생한 아시아 최초의 여성 대통령인 필리핀의 코라손 아키노Corazon Aquino 대통령의 존재를 무시한 채, 한국의 박 전 대통령을 마치 아시아 최초의 여성 지도자인 것처럼 보도할 정도로 초창기의 박근혜 열풍과 국제적 관심은 대단했었다.

물론, 집권 말기에 여러 가지 복합적인 문제점들이 불거지고 국제적 신뢰도가 크게 떨어진 탓도 있겠지만, 자세히 보면 같은 여성 지도자이면서도 박근혜 전 대통령과 차이잉원 대만 총통 간에는 다소간의 차이가 나는 것을 볼 수 있다. 우리가 지목해야 할 점은, 이미지난 배경 혹은 선입관과 같은 것들은 길게 가지 않으며, 위에서 언급한 바와 같은 다각적, 다방면의 잠재력을 자국민과 국외에 피력하는 것이 필요하다는 것이다. 박근혜 전 대통령이 전문성을 지닌 차분하고 이성적인 지도자라는 인상을 주는 데 실패한 것 아니냐는 분석이 나오게 되는 것이다. 자신의 언행을 지도자 스스로가 주도하고 있다는 강력한 메시지를 주어야 하는데, 뭔가가 석연치 않다.

버락 오바마 전 대통령과 비교했을 때에도 마찬가지 측면이 발견된다. 물론 아버지가 정신적 스승 역할을 했을 수도 있지만 구체적으로 무엇을 물려받았는가에 대한 의심이 생기게 된다. 분명 오바마나 차이잉원에게는 훌륭한 정신적 스승이 존재했을 것 같고 중국의 시진핑도 마찬가지이다. 이들은 그들만의 독보적 세계관과 통찰력을 보여주었다고 생각한다.

20세 때에 부친의 암살을 자기 눈앞에서 목격한 마케도니아의 왕자였던 알렉산더 대제는 유명한 철학자인 아리스토텔레스가 스승이었다고 한다. 그러면 박근혜 전 대통령의 정신세계를 지배한 정신적 스승은?

박 전 대통령이 서유럽 순방 중에 프랑스에서 양국 경제인들을 만난 자리에서 '창조경제'에 대하여 20분간 직접 프랑스어로 연설하였다고 한다. 2013년 11월 4일, 파리의 메데프 회관에서 열린 한-프 경제인 간담회 기조연설이 그것인데, 보기에는 멋져 보이고 한국 국민으로서는 자랑스럽게 느껴졌음을 부정할 수는 없다. 하지만, 얼마만큼 주도적이며 확신에 찬 연설이었는지 또는 한국 프랑스의 경제협력에 실제로 얼마나 긍정적인 영향을 주었는지에 대해서는 의문이 남는다.

이미 지난 일들이지만, 바둑에서 다시 두기를 하듯이, 박근혜 전 대통령의 정치입원부터 탄핵 정국 속에서의 성명서 등 공개된 발언들을 자료삼아, 복기復棋를 해보는 것도 좋겠다. 역사를 망각하는 국민에게 미래는 없다고 하니까.

미국의 경우, 2016년의 대통령 선거 후보자들이 텔레비전으로 방송된 20회의 토론에서 약 30만 개의 단어를 사용했다고 한다. 통계 및 정치-심리학자들은, 후보자들의 언행의 특징을 양量적으로 분석하여 그들의 성격(인격)과 자격에 대한 인식을 갖고자 하였다.

이러한 분석은 대략적으로, 후보 각각의 화법이 가진 정통성(진위성), 감정적 어조, 분석적 사고 및 그들의 말에서 드러나는 국정에 대한 큰 밑그림을 파악하는 식이었다.

대통령 후보들의 토론담화에서의 발언 패턴을 통해 후보자들의 인생관, 처신자세를 어느 정도 객관적으로 평가해 볼 수 있다는 것이다. 대체적으로 클린턴은 분석적이었다고 하고, 트럼프는 일상생활의 이야기를 하듯 하는 일화적逸話的이었다고 한다. 아주 쉽게 달리 표현하자면, 클린턴은 똑똑해 보였고 트럼프는 무식해보였다는 뜻이다.

통계 및 정치-심리학자들은, 마치 후보들이 입에서 쏟아낸 단어 하나하나를 씹는 듯 분석해냈던 모양이다. 명사, 동사, 형용사, 부사, 대명사, 지시대명사, 전치사 하나하나까지 놓치지 않고 분석하겠다는 의지를 보였던 것이다. 이것들을 바탕으로 각각의 후보 간의 자료들을 비교분석하여 각각의 후보들이 어떤 것을 우선시하는지, 어떤 전망을 가지고 있는지, 가치관이 어떠한지, 그리고 어떠한 성격유형에 해당되는지, 기본적인 라이프스타일이 어떤지를 파악해냈다.

말-구름(word cloud)은 가장 많이 사용되고 중점적으로 사용된 단어들이 가장 크고 중심에 위치하게 되어 강조된 단어가 무엇인지를 쉽게 알아볼 수 있다.

요즘 인터넷에서 자주 접하게 되는, 말 구름word cloud은 2012년의 대한민국 18대 대통령 선거를 앞둔 대선 주자들의 토론회 때에 토론장의 무대배경으로 사용됨으로써, 각 후보가 강조하거나 가장 많이 사용한 우리말 단어를 배열하여, 토론을 듣는 즐거움과 함께, 각 후보의 공약이 어떤 것인지를 쉽게 알 수 있도록 배려하여 주었다.

15년간의 대통령직을 사임하며….

유명세를 탄 발언이다.

이번 기회에, 앞서 방어기제에서 잠시 언급했던 '프로이디언 슬립Freudian Slip'에 대하여 알아보자. 우리가 보통 말실수라고 하는 것과 비슷한데 말실수는 단순한 실수가 아닌, 그 뒤에는 그 사람의 속마음이 숨어있다고들 생각한다. 그럴지도 모른다. 자신은 지난 15년 내내 대통령이었다고 믿었는지도 모른다. 그렇다면 15년간의 대통령직을 사임한 후 무엇이 되겠다고 나선 것이었을까? 우연의 일치일까? 아버지인 박정희 전 대통령의 재임기간도 똑같은 15년(1963~1979)이었다.

지그문트 프로이트는 유명한 정신분석학자였다. '프로이디언 슬립'이라는 용어는 우리나라 말로 된 인터넷 사전에는 등록이 되어 있지 않지만 현재 많이 검색되고 있는 용어로 정신-심리학에서는 꽤 흔하게 사용되는 용어이다. 미국 대통령들이나, 심지어는 박근혜 전 대통령의 말실수에 대한 언급들이 인터넷상에도 상당히 많이 올라와 있다.

프로이디언 슬립은 영어로 파라프락시스parapraxis라고 하는 의학용어이다. 착오(착각) 행위, 무의식적인 과실, 실언, 깜박 잊기 등의 심리적 상태뿐만 아니라, 과실행동, 그릇행동, 동작착오 등의 행동 상태도 포함된다. 말, 기억, 혹은 물리적 행동에 있어서 무의식적 방해로 인하여 보여서는 안 되는 자신의 내적욕망이 겉으로 슬쩍 드러나는 것을 말하며, 이 개념은 정신분석학에 입각한 개념이다.

대표적인 예는, 말할 때의 혀의 실수라든지, 글자로 쓸 때의 펜의 실수이다. 하지만 정신분석학적으로 볼 때에는, 글자를 잘 못 읽는 난독증, 말소리를 잘못 듣는 난청증, 순간적인 기억력저하 혹은 물체를 잘못 두거나 잃어버리는 행동까지 모두 포함된다.

박근혜 전 대통령의 2004년의 당 대표 시절 연설에서는 비교적 긴장하고 있는 듯이 보이며 솔직 담백하게 이야기하는 편이다. 다른 이들이 지적하듯이 숨은 분노감이 엿보인다. 일종의 복수심정의 복선이 깔려있는 듯 단호하고 비장하다. 다른 사람이 써준 것을 그대로 읽고 있다는 느낌은 많이 들지는 않는다. 비교적 연설이나 발언의 주도권을 자기 자신이 잡고 있는 것으로 보인다.

하지만 2012년 대선 토론회에서는 독특한 모습이 드러난다. 아마도 수첩공주라는 별명은 이때쯤에서 확고해 진 듯하다. 상대방의 공격에 바로 받아쳐야 할 시점임에도 불구하고, 뭔가를 받아 적는데 주력하고 있는 모습이 보인다. 상대방의 말에 공감한다는 뜻인지, 무시하겠다는 것인지 알 수가 없다. 즉, 토론의 순발력이 떨어져 보인다는 것이다. 소극적 방어의 모습이기도 하다. 중요한 것은 토론의 내용과 질과는 관계없이 대통령에 당선되었다는 것이다.

2016년 10월 25일의 대국민 1차 담화문의 특징은 이렇다. 비록 더듬는 곳이 많지만 배짱은 있어 보인다. 반성의 의미를 담기 위해서였는지 초반의 말의 톤 즉, 어조가 좀 약했지만 곧 강경해진다. 이 담화문에서도 '지난 15년간'이라는 프로이디언 슬립과 유사한 말실수가 연출된다. 즉, "이미 마음으로는 모든 인연을 끊었지만, 앞으로 사사로운 인연을 완전히 끊고 살겠습니다."라는 발언이다. 대통령 퇴임 후 누구랑 어떻게 살던 국민이 관여할 일이 아니다. 퇴임 후의 전직 대통령은 간첩질만 안 하면 된다. 계속 그렇게 사셔도 되는데, 왜 굳이 인연을 끊겠다는 것인가?

2016년 11월 4일의 2차 대국민 담화문에서는 1차 담화문에서의 자기반성보다는 마치 객관적 상황을 설명하듯 태도가 바뀐다. 이런 객관적인 변화는 앞서본 방어기제에서 살펴본 지식화 혹은 고립화에 해당될 수 있다. 그리고 1차 담화문에서 나타났던 우리나라, 우리 경제 등의 '우리'라는 표현이 2차 담화문에서는 사라진다. 마치 '우리'라는 집단적 복수 인칭을 사용할 경우, 무슨 공범이 있는 것처럼 보일까봐 걱정이라도 하는 듯하다. 2차 담화문이라지만 1차에서 고백한 것 이상을 고백하지 않고 있으며, 같은 내용이 그대로 반복된다. 울먹이는 제스처도 보여주었고, 청와대에서 굿을 하지 않았다고 했다. 박정희 전 대통령의 생가 옆 추모관처럼 더 좋은 장소가 있는데 왜 굳이 청와대에서 굿을 하겠는가?

2016년 11월 29일 3차 대국민 담화의 특징으로는, 이전과는 달리 다소 여유를 찾은 모습이다. 그러나 '지난 18년 동안 국민 여러분과 함께했던 여정'이라는 표현을 볼 때에 18년간을 연속된 자신의 제2의 삶이라고 느끼고 있는듯하며, 국민의 사랑을 받았다고 믿고 있는 듯 보였다. 말과 말 사이의 간격이 긴 것을 보면, 즉석적인 측면이 별로 없는 미리 준비된 원고라는 것을 반영한다.

향후 대선 후보의 인물 검증에 있어, '정신 감정' 과정을 도입할 수 있도록 정신의학계에서 제시해줄 좋은 방법이나 대안책이 있는가? 혹은 부수적으로 발생할지도 모를 부작용이 있는지를 살펴보아야 한다. 무책임한 대책은 대책이 아니다. 학계에서 조차 일부 몰지각한 정치가들과 똑같은 행태를 보일 수는 없다.

의학과의 본과를 졸업할 무렵, 의사가 되기 직전에 시행하는 히포크라테스의 선서라는 것이 있다. 간호사가 될 때에 나이팅게일 선서라는 가관식加冠式을 하는 것과 마찬가지이다. 향후 임할 삶의 고결함을 유지하겠다는 약속이기도 하다. 히포크라테스의 선서에 의하면, "나는 그와 같은 모든 것을 비밀로 지켜야 한다고 생각하기에, 결코 누설하지 않겠노라."라는 구절이 있다. 이외에도 많은 까다로운 조건들이 제시되어있는데, 그래서인지 의술은 단순한 기술만이 아닌 인격까지 포함되어 있어야 한다는 것이다. 그렇고 보니, 정치도 마찬가지이다. 정치는 기술이 아니고 예술이니까. 물론 요즘에는 스스로 인격을 포기한 예술가들도 눈에 띠는 추세이다.

작금의 경향은, 개인의 신체건강 정보에 대한 보호도 점점 더 강화되어 가고 있는 추세이므로, 신체건강 정보보다 훨씬 더 민감한 사안인 개인의 정신건강에 대한 정보에 대한 보호는 한층 더 강화될 예정이다. 가장 조심해야 할 문제는, 비록 유권자인 국민의 자격과 권리로 알게 된 정보이지만 출마자 개인의 정보를 함부로 다루지 못하도록 선을 미리 그어 놓아야 한다는 것이다.

경박하고 잔인하게 남의 약점을 찾아 공격하는 현재의 풍조가 유지된다면, 차라리 지도층에 대한 정신감정을 실시하지 않는 것이

나을 것이다. 지도자들의 정신감정 결과를 국민들이 경솔하게 다루지 않겠다는 무언의 약속이 먼저 선행되어야 할 것이다. 이것은 상호 존중의 마음에서 비롯되어야만 한다.

반면에, 지도자가 되려는 쪽에서 볼 때에는, 자신의 인권도 물론 중요하지만, 때에 따라서는, 자신이 향후 갖게 될 막강한 권리에 비례하여, 잠시 자신의 인간적 권리는 희생할 줄 알아야 진정한 지도자의 자세라고 본다. 후보자들이 "투표로 선출하면 될 일이지, 우리가 국민 따위에게 면접까지 봐야 하느냐?"라고 말한다면, 필자도 더 이상 말하고 싶지 않다.

성격이나 정신 상태가 어떻게 평가되던 간에, 실제 업적이 훨씬 더 뛰어나다면 누가 뭐라 하겠는가? 지능이 떨어지는 것으로 나타난 후보가 다른 그 어느 지도자들보다 훨씬 더 잘하고 퇴임한다면, 두 배로 칭찬받을 일이다. 그리고 그런 지도자가 퇴임 이후, 뭇 국민들에게 저능아라는 놀림을 받는다면 정말 못된 국민인 셈이다.

정치 선진국이라 자평하는 미국의 정치권에서도, 신체적 약점은 물론이지만 정신적 약점은 먹으면 즉사하는 진짜 쥐약라고 판단한다. 미국의 역대 정치 보좌관들이 입을 모아 하는 말이다. 2016년 미국 대선에서도 트럼프 측은 클린턴의 건강상태를 가지고 물고 늘어졌다. 클린턴 측은 클린턴의 건강상태를 서면으로 공개하여 이를 일축했지만, 검진의사가 작성했다는 서류는 단 한 장짜리에 불과하였으므로, 신뢰하기에는 좀 문제가 있어 보이는 아주 간단한 요식적인 검사결과물일 뿐이었다.

케네디 전 대통령은 조울증 및 약물중독으로 고생했다는 소문이 있는데, 선거유세 도중에 먹던 약이 잔뜩 들어있는 가방을 잊어버렸다고 한다. 정적政敵의 손에 들어갈 것을 염려한 케네디는 보좌관들에게 목숨 걸고 그 가방을 찾아오라고 명령했다고 한다. 케네디뿐만 아니고, 큰 병이 없다는 대통령들의 백악관의 침실 화장실 약장藥欌은 과장해서 산더미 같은 양의 약병들로 채워진다는 소문이 돌 정도이니, 그동안 얼마나 많은 미국 대통령들이 자신의 병을 숨기고 대통령이 되었는지는 알 수 없을 것이다.

이러한 비밀 누설을 기피하는 현상은 충분히 이해는 가지만, 지도자들에 대한 정신 감정은 불확실성이 점점 증가하는 현실과 더 심화될 미래에 필수적인 예측자료로 활용될 것이 분명하다.

국가의 중요자료는, 영원히 보호되는 개인의 비밀과는 달리, 제대로 된 민주국가의 경우라면, 아무리 치명적인 자료라도 이를 밝히게 되어 있다. 일반적인 국가기밀 뿐만 아니라, 미국의 정보국인 CIA의 문서조차도 일정기간이 지나면 공개된다. 방금 말했듯이, 개인의 건강상의 비밀은 의료법에서 보호받고 제한받고 있으며 제한하는 것이 맞다.

고로, 대통령 급 지도자에 대한 정신 감정 등의 문제는, 사회적으로 존경받고 인정받는 일부 제한된 권위 있는 전문가들의 손에 맡겨야 할 듯하다. 마치 헌법재판소의 존재처럼 말이다. 필요하다면 새로 보완될 정신건강서비스에 대한 법률에도 이번 기회에 언급이 되어야 할 것이다. 자꾸 특수한 업무를 추진하는 위원회만 늘어나면 어떻게 감당할 것이냐고 묻지 말자. 더 이상 그 필요성이 축소되었음에도 억지로 유지되고 엄청난 예산만 낭비하고 있는 있으나마나한 몇몇 위원회만 해체시켜도 실행이 가능하리라 본다.

선거에서 떨어졌건 당선되었건, 후보자들은, 정신감정 자료로 인해 주변의 눈총은 받겠지만, 제반적 사회생활의 장애가 없도록 보장해 준다면, 공개된 프로필에 대한 평가는 국민이 하는 것으로 한다면, 또, 평가는 개인적으로 하되 평가결과를 불순한 용도로 사용하지 못하게 하고, 게다가 모든 후보가 공정하게 동일한 평가철차를 밟는다면 별 문제가 발생하지 않을 것이다.

"선진국들에서도 기피하며 시행하지 않는 제도를 도입하다니? 정신 나갔느냐?"고 물어볼 사람도 있을 것이다.

우리나라가 문화적 역사적 측면에서 미국이나 영국보다 앞서가지 못할 이유는 또 무엇인가? 이제까지 서양문물을 뒤늦게 받아들이고 베끼고만 살아왔다면, 앞으로는 당당히 전 세계에 대고 한국의 저력을 보여줄 때가 아닐까? 대한민국이 앞서나가면 이상한 것인가?

진짜 K-문화, 창조-문화라는 것은, 이번에 전 세계가 놀라버린 데모크라시democracy의 '데모' 정신인 촛불시위가 바로 그것일 것이다. 중국의 수도인 베이징 천안문 광장에 10만 명만 모여도 중국이 무너질지 모르며, 평양의 김일성 광장에 1만 명만 모여도 북한은 무너질 것이다. 이번에야 말로 모든 나라들에게 정신적으로 앞서나가는 성숙하고도, 정교한 대한민국의 정치행태를 보여줘야 시점이 아닐까 한다.

창조적 후보 선출, 앞서가는 K-정치를 보여주어야 한다.

02
정신검증으로 최선을 택할 수 있다

지도자 정신검증을 위한 준비

• • • •

지금부터 하는 이야기는 실제로 대통령 급의 지도자 선출에 반드시 필요하고도 중요한 구체적인 방안을 제시하는 부분이므로 다소 난해하더라도 읽어볼 만한 가치는 충분히 있다고 본다.

차기 지도자를 검증하거나 정신 상태에 대한 점검을 할 수 있는 실제적인 방법 혹은 절차를 제시해 보려고 한다.

차기 지도자들의 정신 상태에 대한 검증은 과거에도 필요했고, 지금도 그리고 미래에도 필요하다. 하지만 누가 고양이 목에 방울을 달 것인가? 오래 살고 싶어서 건강검진은 받아도 정신감정은 받고 싶어 하지 않는 것이 우리나라 사람들의 정서이다.

그러나 우리의 생각과는 달리 실제로 정신감정은 우리나라에서도 다양하고 많은 인원에게 조직이고 수시로 실시되고 있다. 이미 체육계나 교육계에서는 그 실효성을 인정받고 있다. 운동선수들은 바이오피드백biofeedback이라는 이름으로 자기 계발 프로그램에 자발적이고 정기적으로 참여하고 있으며 교육계에서는 슈퍼비전

supervison이라는 이름으로 자신을 점검하는 훈련을 한다. 극심한 업무 스트레스에 시달리는 지하철도 운전자들도 이러한 절차를 수시로 통과해야 한다.

그럼에도 유독 정치인들만이 이러한 정신감정을 회피하고 싶어하며 혼자 해결하려고 든다. 정신감정은 곧 자신의 정치인생의 종지부처럼 여기고 있기 때문인데 실제로 그럴 가능성이 매우 높긴 하다. 자발적으로 감정 받을 분위기가 아니라면 우리는 간접적인 방법을 통해서라도 지도자를 검증할 수밖에 없을 것이다.

정신병적 상태는, 그간의 생활을 통해 유추해 낼 수 있으므로 쉽게 파악할 수 있는 부분이고 너무 과격한 표현일 수 있으므로 한 걸음 물러설 용의가 있다. 그러므로 이제 우리의 관심을 끄는 부분은 지도자로 나선 사람의 말과 행동을 통해 드러나는 품성과 자질, 그들의 성격, 인격적인 부분들로 축소될 것이다.

지도자가 될 사람들이 외치는 단순한 구호나, 외모, 배경 등만 볼 것이 아니라, 이제는 더욱 세부적으로 섬세하게 지도자감을 구별해 내는 능력을 갖출 필요가 있다. 단, 극히 조심해야 할 부분은 이러한 판단 행위가 지도자로 나서는 사람에게 인격적인 피해를 준다거나 이로 인하여 다른 선의의 피해자를 발생시키면 안 된다는 점이다.

지도자감이 혈압의 문제나 당뇨병을 가지고 있다고 한다면 동병상련으로 이를 동정할 집단이 있게 마련이다. 하지만 건강에 문제가 있는 지도자를 누가 선택하겠는가? 마찬가지로 정신병이 있다고 하여 병을 이유로 지도자에서 제외된다면, 이것은 정신병을 앓고 있는 다른 이들에 대한 모독일 것이다. 질병을 가지고 사람을 차별해서는 안 되기 때문이다.

하지만 현실적으로 정신병을 놓고 보았을 때 여러 가지 문제되는 측면이 많은 건 사실이다. 사고를 당해 장애인이 된 가족들은 협회를 구성하고 당당하게 거리로 쏟아져 나와 큰 목소리를 낸다. 하지만 정작 정신장애를 가진 환자의 가족들은 행여나 소문이라도 나서 다른 가족들이 시집이나 장가를 가거나 직장에서의 불이익 등 사회적 불이익을 받을까봐 목소리를 내지 못한다.

반대의 현상도 발생한다. 알코올 중독에 동반된 인격 및 망상장애 환자의 가족들은 환자 때문에 평생 끔찍한 일을 당해온 피해자임에도 불구하고 환자의 가족에 대한 우리 사회의 인권적 배려는 전무하여 보호받고자 하는 가족들의 호소는 그냥 무시당하기 십상이다.

그러하니 지도자의 정신적인 측면을 분석하고 공개해 나가기 위해서는 몇 가지 전제조건이 필요하다.

일단, 국민들이 타인의 정신적 이상 상태를 조롱거리로 생각해 다른 환자들이나 지도자들에게 상처를 주지 않아야 하며, 지금까지 일부 우리 국민이 보여주는 저급한 비난과 졸렬한 언행 및 저주와 인민재판식의 공격을 퍼부어서는 안 된다. 성숙된 국민 정서가 필수 전제 조건이다. 만약 저능아가 대통령이 되었다고 그를 놀림감으로 삼아서는 안 된다는 말이다. 그에 대한 평가는 업적을 기준으로 해야 할 것이며, 퇴임 이후에도 조롱하지 않는 성숙한 국민 자세를 보여줘야 한다. 미국의 43대 대통령 조지 부시George Walker Bush[6]는 요새에도 아이큐가 낮다며 놀림감으로 자주 등장한다. 역대 대통령들의 지적 수준을 비교하였더니 최하위라는 등 저급한 비꼼을 받으며 살고 있다.

이런 현상은 우리나라 학교에서의 집단 따돌림 현상에서 잘 볼 수 있다. 우리 사회의 집단 따돌림, 집단 혐오, 특정계층 혐오 사상은 실제로 그 문제가 생각보다 심각하다. 우리 모두 가슴에 손을 얹고 생각해보길 바란다. 국민의 기본적 심성의 개선 없이는 어떠한 획기적 시도도 성공할 수 없다.

정신병적 상태 혹은 인격 형태에 대한 판단

일반적으로 정신병적 상태라 하는 것은, 사고思考, 즉 생각의 문제와 감정 즉, 기분의 문제를 주로 다루고 있다.

먼저 생각의 문제는, 적절한 설득에도 비현실적 생각을 고치지 않고 유지하는 망상 상태와 실제의 소리가 아님에도 외부 혹은 자신의 몸속에서 발생하는 목소리와 대화하는 환청 상태 그리고 비정상적으로 사회적으로 위축되어 사회와의 교류를 단절하는 상태를 포함한다.

기분의 문제는, 비교적 지속적으로 유지되는 심한 우울감 혹은 기분이 들뜬 상태를 말하며 기분의 정도와 종류에 따라서는 생각의 병이 함께 올 수 있는데, 우울감에 동반되어 나타나는 망상들로 자신이 무가치하다거나 세상이 무의미다거나 하는 식의 염세적 생각 및 가진 것이 아무것도 없다는 식의 빈곤망상과 같은 문제가 동반될 수 있다. 기분이 들뜬 상태의 경우에는 자신이 무엇이든지 다 할 수 있다는 과대망상이 자주 동반된다.

꼭 환청이 동반되어야만 정신병적 상태로 진단되는 것은 아니며, 편집증(망상성 장애)처럼 남을 지나치게 의심하여 괴롭히고 공격하는 경우도 정신병적 상태에 포함시킨다. 남편이 근거 없이 아내를 의심하는 의처증이나 아내가 근거 없이 남편을 의심하는 의부증도 여기에 해당된다.

고로 치료를 적절하게 받아 증상이 개선된 상태라면, 이런 증상이 겉으로 드러나지는 않기에 주변에서 전혀 눈치를 채지 못할 수도 있다. 하지만 이 경우에도 치료 기록이나 치료를 담당한 사람은 반드시 있을 것이니, 병의 실체는 존재한다. 반면에 치료를 받지 않았을 경우 이러한 정신병적 상태는 대인 관계를 모두 끊고 혼자 숨어 사는 것이 아닌 이상, 언젠가는 드러나 주변의 여러 사람들이 다양한 측면들을 관찰하게 된다.

보편적으로 망상장애, 조현병(정신분열증), 조울증(혹은 양극성정동장애) 및 심한 우울증 등을 정신병적 상태에 포함시키는데, 이런 병을 어떻게 알 수 있는지 구체적인 진단 기준을 한번 살펴보자.

과거에 정신분열증이라 불렸던 조현병은, 기초적으로 사교성이 부족하여 수줍음이 많기 때문에 말이나 제스처, 합리적인 행동을 이용하여 난처한 상황이나 불편한 상황을 극복하기 어렵다. 그래서 작은 일에도 정상인들보다 훨씬 더 많은 스트레스를 받는다.

주된 병리(병으로 나타나 드러나는 상태)는 외부의 메시지를 왜곡해서 받아들이는 관계망상, 지속적이고 체계적인 피해를 받고 있다는 피해망상, 외부의 특정한 힘에 의해 자신이 조정당하고 있다고 믿으며 실제로 조정을 당하는 조정망상, 그리고 무엇을 하라고 시키거나 비웃거나 비난 혹은 격려하는 소리를 듣는 환청 등이 있으며, 이러한 증상들로 인하여 자기만의 새로운 가짜의 세상을 만들어내고 가짜의 사회 속에서 나름대로의 친구와 적을 구분하게 된다. 그리고 그 병리에 따라 망상적인 생각을 행동으로 옮기게 된다.

주된 심리적 방어는 병적인 방어로, 상대방에게 모든 잘못을 전가하는 투사projection와 합리화rationalization이다. 내가 아니고 상대방이 잘못한 것이니 그 상대방은 어떠한 벌을 받아도 합당하다고 생각한다.

반면 기분의 장애인 조울증의 경우는 감정의 문제가 우선이겠지만, 이 역시 관계망상과, 피해망상이 있다. 하지만 대표적인 것은 과대망상으로서, 어떤 특정한 목적(자신의 욕망과 관련된 목적)을 성취하는 데 있어서 죄책감이 마비되고 욕구가 자제심을 압도하게 된다. 물론 들떠 있던 병적인 상태가 나아지면 그동안에 저질렀던 일들에 대해 무척 겁을 내고 후회하고 반성하게 되는 것이 특징인데, 이러한 시기에 갑자기 우울감이 찾아와 무가치함과 자기혐오감을 겪게 되면서 다시 우울기의 병적 상태를 겪게 되는 식의 악순환이 반복되는 경우가 많고 이 시기에 자살율도 매우 높다. 우울한 기분이 계속되면, 인체는 생리적으로 기분을 올리려는 노력을 하게 되고 우울감에 대한 반동현상으로 기분을 상승시키게 된다. 기분조절장애의 개념대로 다시 상승되는 기분을 통제할 수 있다면 다행이겠지만 통제되지 않고 지나치게 상승하여 조증躁症 상태를 다시 유발하게 된다.

세계의 역대 지도자들 중에, 이런 정신병적 상태가 의심되었던 인물들이 상당수 발견되고 있는데 특히 조울증 앓았을 것으로 의심되는 지도자들은 꽤 많은 편이다. 약물의 도움을 받았더라면 좋았겠지만 조울증 치료제는 다른 정신질환의 치료제보다 훨씬 일찍 개발되었음에도 불구하고 1940년대 이전에는 보편화되지 않았다. 그러므로 그들은 자신의 병을 숨길 수밖에 없었을 것이다. 기분이 고조되었을 때에는 에너제틱energetic한 지도자로서, 우울감에 싸여있을 때에는 신중하고 양심적인 지도자로 보였을 수 있다. 나폴레옹 보나파르트나 토마스 에디슨, 윈스턴 처칠, 아돌프 히틀러 등도 이러한 패턴을 보였던 것 아닌가 하는 의견들이 많다.

정신장애 진단분류 책자인 DSM-Ⅳ(Diagnostic and Statistical Manual-Ⅳ)[7]는 다축적多軸的방식으로 한 개인의 정신 상태를 진단해내므로, 진단에서 고려하는 축軸이 1~5의 5개이며 제1축에는 주요 정신병 혹은 임상적으로 관심을 가져야 할 기타 상태들이 포함되는데 바로 제1축에, 앞서 설명한 정신병이 위치하게 된다.

두 번째 축에 인격, 즉 성격의 문제와 지적장애가 포함되며, 3번째 축에는 동반되어 있는 일반 내과적 혹은 외과적 문제들이 위치하며, 4번째 축에는 사회-정신적 및 환경적 문제점들이 포함되며, 마지막 5번째 축에는 소위 가프-점수(GAF-score)라 하여, 4번째 축의 상태를 수치數値로 정량화한 것이다. 곧, 개인의 사회적, 직업적, 심리학적 기능을 가장 좋을 때를 100점으로, 가장 좋지 않을 때를 0점으로 평가한다.

구분	내용
제Ⅰ축	임상적 질환들
	임상적 주의를 기울여야 할 다른 조건들
제Ⅱ축	인격(성격)장애
	정신지체(정신발육지연)
제Ⅲ축	일반적 신체질환
제Ⅳ축	정신사회적 및 환경적 문제들
제Ⅴ축	기능에 있어서의 전반적 평가 (GAF 척도 점수)

DSM-Ⅳ의 다축적 진단. DSM-Ⅳ은 of the American Psychiatric Association(APA)에서 정한 정신관련 진단 기준이다. 5개의 진단 축을 가지고 있어서 다축적(multi-axial) 진단이라 부른다.

제Ⅱ축에 위치하는 성격(인격)의 장애진단을 내리기 위한 필수적 요건은 병적인 인격적 특성Pathological Personality Traits으로 인해 자기 자신에게 국한된 행동 혹은 타인과의 관계에 있어서의 기능적 장애를 보이는 경우를 말한다. 병적인 인격성 특성에는 부정적 감정 상태로서의 불안정한 기분과 정서적 조절장애, 무심한 태도로서의 정서적 위축과 친밀감 회피, 적대감으로서의 조작操作적인 행동, 그리고 탈억제 혹은 강박성, 완벽주의, 장악하려는 행동 및 정신병적 상태로서의 특이한 믿음 등이 해당된다.

대략의 인격(성격)장애의 종류는 아래와 같다.

반사회적 인격장애 Antisocial Personality Disorder

회피성 인격장애 Avoidant Personality Disorder

경계성 인격장애 Borderline Personality Disorder

자기애적 인격장애 Narcissistic Personality Disorder

의존적 인격장애 Dependent Personality Diorder

강박성 인격장애 Obsessive-Compulsive Personality Disorder

분열형 인격장애 Schizotypal Personality Disorder

기타 특성화된 인격장애 Personality Disorder Trait Specified

각 성격유형에 대한 설명은 지면관계로 생략한다. 본격적인 검증 과정이 현실화 될 경우에 데이터 수집과 분류를 위한 변인變人, variants의 필요성으로 인하여 각 성격유행에 관한 진단 기준은, 인격기능의 핵심적 장애Core Impairments in Personality Functioning와 함께 추후의 연구에 추가할 예정이다.

특정한 사람에 대한 성격을 묘사하기 위해서는 가능하면 편견과 오차를 배제시킬 수 있는 수 있는 중립적인 평가 바탕이 필요하다. 말하자면 지도자의 성질을 파악하는 검증방법을 개발해 나가기 위해서는 다양한 관점을 갖는 모델을 제시하는 것이 필수적이라는 말이다.

짧은 시간 안에 눈치를 채거나 관찰하기 어려운 부분은 정신병적인 상태가 아닌 성격적인 측면인데, 이는 뒤에 '밀론 진단 기준 평가도구' 부분을 참고하시길 바란다. 우선, 병적인 것이 아니면서, 정상범위 내에서 명백하게 드러나는 각 개인의 일반적인 품성 및 자질을 파악할 수 있는 언어적 행동부터 살펴보는 것이 좋을 듯하다. 비교적 객관적이며 과학적이기도 하고 인격에 대한 침해가 덜한 평가방법이기 때문이다.

빅 데이터를 통해 보는 지도자의 심리

• • • •

2016년 미국 대선에서는 2017년 1월 20일 새로운 임기를 시작하는 미국 대통령 선거에 나섰던 대권 주자들의 언급들을 분석하여 후보들의 특성을 분석했다. 사실을 분명히 말하다, 혹은 의미 있는 말을 찾아본다는 의미에서 워드 업word up이라는 제목으로 월스트리트 저널의 칼럼니스트인 죠 크래븐 메긴티Jo Craven Mcginty[8]가 2016년 4월 1일 올린 글이 있다.

칼럼니스트 메긴티에 따르면, 2015년 8월부터 클린턴, 트럼프, 샌더스, 크루즈, 케이식 후보들이 20개 텔레비전 방송 토론회를 통해 쏟아낸 단어가 무려 30만 개를 넘긴다고 한다. 엎질러진 그들의 말들을 언어전문가들이 다시 재조립하고 분류하고 계수計數하였다고 소개하였다.

그녀는 후보들의 말 습관을 정량화定量化해 그들의 성품性品 됨됨이를 살펴보려는 목적으로 시작된 이 연구로 인하여 과거에 비해 한 차원 더 높아진 '행간行間의 글 읽기' 능력을 확보하게 되었다고 평가했다.

칼럼에서 메긴티는, 펜 베이커 교수의 연구 분석결과를 인용하였다. 제임스 펜베이커James W. Pennebaker 교수는 미국 텍사스 대학의 사회심리학자이며 전산화電算化된 문자분석 분야의 선두주자이다.

펜베이커 교수는 다음과 같은 일반적 여론을 토대를 전제로 하여 연구를 추진하였다.

"가장 낙관적인 후보는 힐러리 클린턴이다. 가장 확신에 찬 경쟁자는 테드 크루즈와 버니 샌더스이다. 자신감과 불확실 사이에서 어디로 튈지 모르는 공은 도널드 트럼프이다.”

텍사스 대학 차원에서 자체 개발해낸 분석도구analytic tool는 진위성Authenticity, 감정적 어조語調, Emotional Tone, 분석적 사고Analytic Thinking 그리고 큰 그림The Big Picture을 살펴볼 수 있도록 고안되었으며, 2016년 미국 대통령 선거 당시에 출마했던 민주당과 공화당 양 당의 클린턴, 트럼프, 샌더스, 크루즈, 케이식 후보의 토론회를 바탕으로 분석하였으며 이후에는 선거전이 클린턴 대 트럼프의 대결로 좁혀진 만큼, 두 사람간의 분석에 더 집중하였다. 즉, 3차례에 걸친 클린턴과 트럼프 후보 간의 토론회를 정밀 분석하는 데도 사용되었다.

일종의 숫자로 바꾸어 분석한 대통령 후보들의 화법 패턴들이 무엇을 말해주고 있는지를 알아본 것이다. 펜베이커 교수에 따르면 담론의 분석을 통하여, 후보들의 기대감, 세계관, 품행 그리고 그들이 분석적인 사람인지 아니면 즉흥적인 사람인지를 대략 구분해 낼 수 있다는 것이다.

이러한 분석기법에 대해 마케팅, 정치, 보안 그리고 정보 분야 등 ‘설득의 기술’이 필요한 일을 하는 사람들도 많은 관심을 보이고 있다고 한다.

사전에서 추출된 6,400여 개의 단어를 프로그램화하여 들을 때에는 미처 알아채지 못했던 감정과 생각들을 캐낼 수 있었다고 한다. 가령 2016년 미국 대선에서 가장 낙관적으로 비추어졌던 후보는 민주당의 클린턴이며 경쟁자들 중 확신에 찬 말을 했던 후보들은 공화당의 테드 크루즈와 민주당의 버니 샌더스(샌더스를 무소속이라고 보는 견해도 있다)였고, 자신감과 불안정한 심리를 동시에 드러

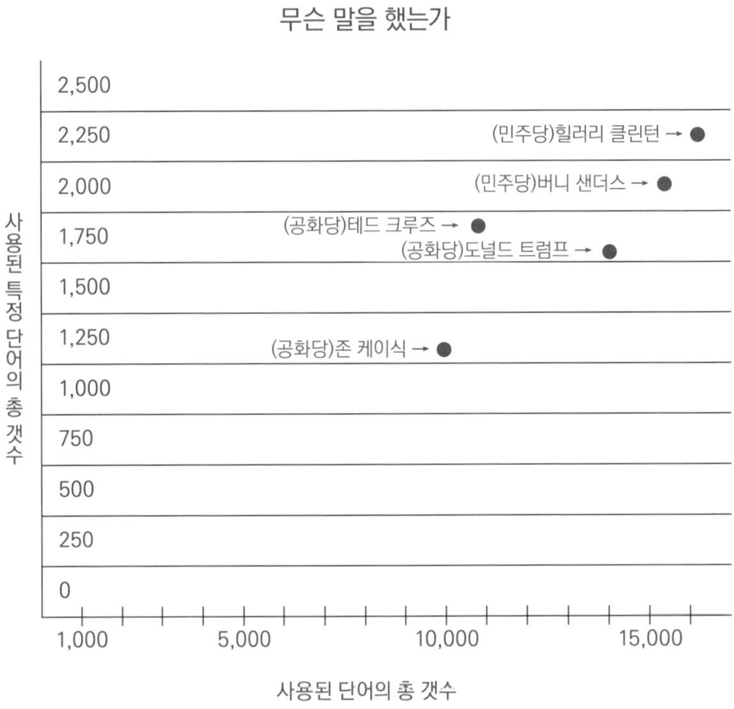

그들은 무슨 말을 했는가? 클린턴, 트럼프, 샌더스, 크루즈, 케이식 후보가 토론회에서 사용한 총 단어의 수에 대해 비교할 수 있다.

내 보였던 후보는 공화당의 도널드 트럼프였다고 한다. 공화당의 크루즈는 한 회의 토론회당 평균 2,700단어를 사용하여 가장 많은 단어를 사용하였지만, 많은 말을 하지 않았다고 한다. 이것은 크루즈가 글자의 숫자가 적은 단어보다는 상대적으로 글자가 많은 단어를 사용하였고, 이것은 지능과 비례하여 분석능력이 높은 사람이 주로 쓰는 큰 (긴)단어를 사용했다는 것을 의미하기도 한다.

민주당의 샌더스와 클린턴 후보는 공화당 후보들보다 더 많은 단어를 사용했으며, 공화당 후보들의 경우에 크루즈는 상당히 분석적인 화법을 구사한 반면 트럼프는 이야기를 늘어놓은 듯한 화법을 사용했다고 한다. 케이식 후보는 그 중간 정도의 화법을 사용한 것으로 드러났다.

펜베이커 교수에 의하면, 6자 이상의 단어가 큰(긴) 단어이며, 공화당의 크루즈가 사용한 단어 중 20%가 큰 단어에 해당하며, 민주당의 클린턴은 18%, 민주당의 샌더스는 19%, 공화당의 트럼프는 14%였다고 한다. 공화당의 크루즈 후보의 특징은 권력 지향적이며 분석적이며 관료적이었다고 한다. 이러한 관점에서 트럼프는 크루즈와 정반대의 모습을 보였다. 트럼프는 분석적이지는 않지만 일인칭 단수형 대명사를 자주 사용함으로써 자신의 지위의 확고함을 나타내려 하였고 이것은 오히려 자신의 불확실성에 대한 방어였다고 보고 있다.

공화당의 트럼프 후보가 신세한탄을 늘어놓듯 하는 화법을 구사한 반면, 대부분 민주당 후보들은 미국이 직면한 문제점을 제시한 후 그것에 대한 교과서적 해결방법 그리고 어떻게 일해 나갈지에 대해 논리 정연하게 풀어내다 보니 듣는 사람들이 얼마나 지루했겠는가? 감정이 전혀 배제된 냉철함은 오히려 사람의 마음을 잘 끌지 못할 수도 있다.

트럼프는 동일한 단어로 배열된 같은 문장을 자주 반복해 사용했지만, 결코 '어'나 '음' 등의 주저하는 듯한 단어를 거의 사용하지 않았다고 한다. 어쩌면 트럼프의 직설적, 반복주입식의 화법이 선거에서 더 잘 통했을지도 모른다.

가장 말이 많았던 후보는 클린턴으로 평균 6,000개의 단어를 사용하였다고 한다. 단어가 많아진 이유는 자기 확신에 찼다기 보다는 문제에 너무 복잡하게 접근하여 설명할 것이 많기 때문일 것이다. 동시에 가장 낙관적인 단어들을 사용한 것 역시 클린턴이었으며 그녀의 화법은 마치 지난 대통령들의 취임사 연설과 유사했다고 한다. 후보 중에서는 가장 대통령스러웠던president-like 것이다. 김칫국 먼저 마신 듯한 모습은 흔들리지 않는 지지층들에게는 당선의 확신을 주었을지 몰라도 유동층에게는 밉살스러워 보였을 수도 있다.

후보마다 사용된 단어수와 분석적 여부가 차이 났으며 자기확신성의 차이도 보였다. 샌더스 후보는 사회주의자로써 노동계의 복지에 대한 관심이 최우선이어야 했음에도 불구하고 정작 그의 화법에서 인간적 관계에 대한 것은 별로 없었다고 한다.

지도자들이 말할 때에 저지르는 실수는, 자신이 무슨 생각을 하고 있는지 알고 말하는 것 까지는 좋은데 무조건 자신의 생각이 옳다고 생각하는 데서 온다.

공화당 존 케이식의 경우 전혀 극단적인 면이 없이 딱 중립의 입장이었다고 한다. 일반적으로 사회성이 있다고 느껴진다. 위험을 감수하기보다는 보상 받는 쪽에 더 중점을 둔 것이리라. 화법의 마술사는 공화당의 크루즈였으며 말이 예술 그 자체였다고 극찬한다. 그의 가장 반대편에 서 있는 후보는 트럼프였다. 극단의 후보 둘이 공화당의 마지막 경선에서 맞붙은 것이다.

이상의 내용와 같이 메긴티는 자신의 칼럼을 끝맺고 있다. 미국의 종합대학교 급의 컴퓨터 및 자체 고안된(타당성과 신뢰성이 검증된) 컴퓨터 통계프로그램을 이용한 문자분석으로 결과물들이며 오래된 기법도 아니고, 미국에서조차 상당히 최근 기법들이 활용되었다고 한다. 결국 후보들의 화법을 통해 그들의 인생관, 처신 방법과 세계관과 품성을 대략 판단할 수 있었다는 이야기다.

우리나라도 사실상 약간의 관심과 시간적·금전적 투자 및 학자들의 도움의 통해 짧은 시간 내에 후보자들의 품성을 객관적으로 파악할 수 있을 것이다. 비록 아직 정식 후보로 나서지 않았다 하더라도 이전의 발언 및 정책 토론에 대해 수집 가능한 수많은 자료가 존재하기 때문이다. 또한 이러한 검증을 통합적으로 수행해 줄 수 있는 공인된 국가의 국립정신건강기관이 엄연히 존재하고 있다.

이쯤에서 차기 지도자를 검증하거나 정신 상태에 대한 점검을 할 수 있는 실제적인 방법 혹은 절차를 제시하고자 한다.

리더십에 대한 언급을 다시 안 할 수가 없다. 특정 개인이 리더에 적합한지, 리더십을 발휘할 수 있는 품성과 자질을 갖추고 있는지를 평가하는 작업이기 때문이다. 인격과 성격은 순간적으로 형성되는 것이 아니라, 짧게는 그 사람의 성장기간 전반에 걸쳐 결정되고 길게는 부모, 조부모를 거슬러 올라가는 집안의 내력과도 관련이 있기 때문에 신중하고도 면밀한 검토가 필요하다. 웬만한 사람이라면 자신의 잘못된 성격을 잠시 숨기는 재주는 타고나게 되어있다. 고로 이 숨겨진 성격을 정확하게 찾아내어 미리 대비하는 것이 우리의 역할이 될 것이다.

앞서 밝혔듯 리더십 즉 지도력이란 것은 개인이나 단체가 다른 개인들, 집단 혹은 전체의 기관을 이끌거나 지도하는 능력을 말한다. 리더십에 대한 정의는 동서양에서 그 접근 방식을 약간 달리하며 심지어는 미국과 유럽 간에도 교육적 측면에서는 다소간의 차이가 있다고 한다. 교육적인 측면이라는 것은 쉽게 말해서 학교에서 가르치는 리더십을 뜻한다. 그리고 독재국가, 왕국, 민주국가 등의 국가의 형태 혹은, 특정 단체의 목적에 따라 바람직한 지도자상은 달라진다. 테러 단체의 지도자상은 우리가 아는 이상적인 지도자와는 다를 것이다.

미국의 교육환경에서는 리더십을 다음과 같이 정의한다. 리더십이란 '공동의 과제를 완수하기 위해 타인의 도움과 지지를 얻어낼 수 있도록 사회적 영향력을 발휘해 가는 과정'이다. 유럽이나 비교육적非教育的인 분야에서의 리더십에는 공동체의 목표뿐만 아니라 개인적인 권력을 추구하는 것도 리더십의 정의에 포함되어 있다.

자, 그럼 지도자의 자격을 따지는 데 절대 빼놓고 생각할 수 없는, 지도자의 리더십을 검증하는 두 가지 기준 모델을 한번 살펴보자.

리더십 검증 모델: 거대-지도력 모델Human Potential Model: HPM

• • • •

유럽의 리더십 연구가중 한명인 다니엘레 트레비사니Daniele Trevisani[9]는 전체론적全體論的견해로써의 리더십을 다음과 같이 요약하고 있다.

리더십의 총체적인 능력의 범위는 다음과 같은 것들로 부터 발생한다.

첫째, 근본적 리더십Primal Leadership이다.

신체적 힘의 우위, 힘을 과시할 필요성 및 사람들을 통제하는 것, 우위를 강요하는 것, 공포심을 유발할 수 있는 능력을 통해 집단의 동기를 유발시키는 동시에 집단 구성원들에 대한 강력한 보호자 역할을 수행할 수 있어야 한다.

둘째, 정신-에너지적 리더십Psychoenergetic Leadership이다.

정신력의 우위, 동기력動機力의 우위, 소통과 행동에서의 지각이 있어야 히거, 두려움의 부재, 용기 및 결정력, 탄력성에 덧붙여 세심함까지 동시에 갖추어져야 한다.

셋째, 거시적 리더십Macro-Leadership이다.

큰 그림을 보고 이를 수행해 나갈 수 있는 과감성을 필요로 하는 상위능력으로 전체 시스템의 역학적 관계를 이해하고 있어야 한다.

넷째, 미시적 리더십Micro-Leadership이다.

세분화되고 전문화된 정교한 과업에 대한 상위능력인데, 세부적인 것과 동시에 거시적인 부분을 놓치지 않을 능력을 필요로 한다.

다섯째, 기획 리더십Project Leadership이다.

과업을 수행해가는 과정에서 필요한 상위능력으로 계획의 기획과 유지관리의 능력을 지녀야 한다. 계획에 대한 정해진 기한을 맞추거나 구조, 단계, 위임, 시기선택에 대한 판단 능력을 필요로 한다.

여섯째, 영적 리더십Spiritual Leadership이다.

가치, 지혜 및 영성靈性적 상위능력으로, 비전, 영적인 성취감, 인간애적 요구, 자기와 타인의 발전, 장기적 안목, 가치관, 사명감, 미래에 대한 안목, 감화를 줄 수 있는 능력 등이 포함된다.

어느 지도자라도 위 여섯 가지의 독특한 혼합 형태를 가지고 있으며, 그중 한 가지 측면이 다른 것 보다 우세할 수는 있다.

다음의 그림은 다니엘레 트레비사니의 '거대巨大-지도력' 모델을 참조한 것이다. 인간의 잠재력을 보여주는 여섯 분야와 거대-지도력 모델[10]로서, 인간의 지도력을 유형有形 및 무형無形으로 나누어 분류하였다. 비전이나 거시적 안목 및 정신적 영도력은 만질 수 없는 것이기 때문에 무형의 영역에 해당된다.

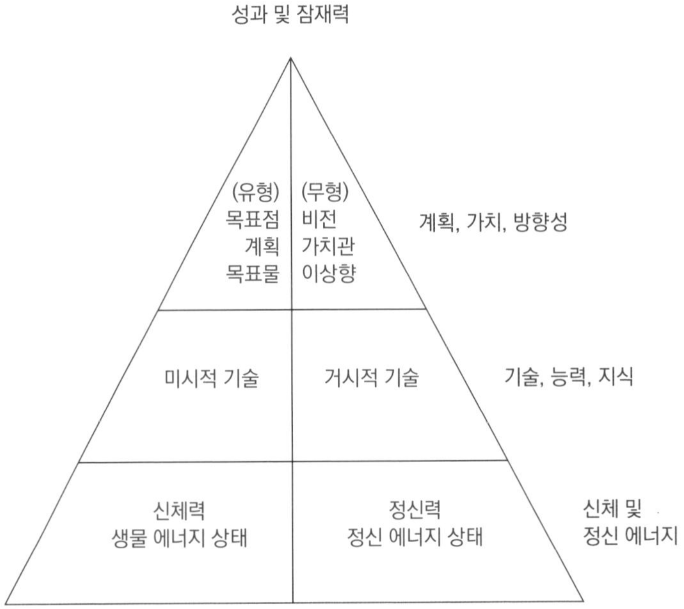

거대-지도력 모델

리더십 검증 모델: 운용과학/경영과학적 모델Operations Research/Management Science: ORMS

• • • •

이 모델은 정신의학적이라기보다는 오히려 최근 각광받고 있는 시스템 공학적인 측면이 강한 경영과학Management Science 운용과학Operations Research적 접근이다. 이러한 시스템 공학적 연구는 2013년 발간된 성풍현 교수 외 카이스트 교수 18명이 집필한 《공학이란 무엇인가》[11]라는 저서에도 소개되어 있다.

그런 이유에서인지, 미국의 구간적 선형 기하학자piecewise linear topologist인 딘 하트리Dean Hartley와 정신과 전문의인 켄 좁슨Ken Jobson[12]이 제시한 모델이다. 선형기하학자가 연구에 참여했다는 것이 매우 이채롭다.

1) 통치형태별로 다른 잣대를 갖게 되는 지도자상의 종류

각기 다른 문화마다 지도자상이 다른 것은 그리 놀라운 일이 아니다. 민주주의에서 타당하게 선출된 지도자, 독재주의에서 권력층 엘리트에 의하여 선출된 권력층 엘리트, 지도자 자리를 대물림하는 나라들 그리고 테러 집단 등이 있을 수 있다는 점을 고려해 보자.

민주주의에서는 대부분의 지도자는 경쟁을 통해 선출되며, 자기 자신을 선하다고 생각하며, 집단을 이루고 있으며, 타협에 능한 사람이며 사실상 중고차 외판원이나 보험가입 영업사원 같은 능력을 지니고 있다.

고로, 민주주의 사회에서는 실질적으로 병적病的인 후보들은 선거 과정 중에 제외될 가능성이 꽤 있다. 하지만 중등도中等度의 과도

한 자아도취증 및 경도의 기분장애등은 걸러내기 쉽지가 않다.

독재주의의 지도자들은 냉정하고 무자비하며, 자기위주이고, 의심이 많거나 타협하지 않으며 '진실'이란 것은 두들겨 패서 길들여도 될 대상으로 본다.

이들에게서 나타날 수 있는 병리에는 반사회적 경향, 과도한 자아도취와 편집증상태가 있을 수 있다.

권력을 세습 받는 나라들에서는 새로운 지도자가 사실상 타고난 성격 그대로를 갖게 된다. 즉, 어떠한 성격이라도 가능하다는 것이다. 국민에 맞는 성격을 뽑는 것이 아니고, 지도자의 성격에 국민을 맞추어야 하는 식이다. 그리고 앞서 군림했던 지도자인 선친先親의 성격 및 후임자에 대한 태도에 따라, 새로운 지도자는 자신의 권리에 대한 강한 의지, 선친에 대한 비굴할 정도의 헌신 혹은 선친의 정책에 강하게 반발하는 등의 조금씩 다른 반응을 보일 수 있다.

로마의 콘스탄틴Constantine대제는 서기 313년 밀라노칙령을 통해 기독교를 공인하기에 이른다. 361년 그의 후계자가 된 율리아누스 황제는 전쟁지휘자로서 뿐만 아니라, 철학자이자 문필가로서도 명성을 날렸지만, 이전의 황제와는 다시 기독교를 배척함으로써 정반대의 정책을 펴기 시작한다. 그는 사산 페르시아 왕조와의 전쟁 중 의문의 죽음을 당하게 되는데, 이후 그에게는 배교자背敎者 줄리안Julian the Apostate이라는 별칭이 붙게 된다. 줄리안의 경우는 권력은 세습되었으나 선대先代의 정책에 강력하게 반발하는 정책을 폄으로써 국민들에게 버림받은 경우에 해당한다.

세습 받는 지도자들의 일반적 병리에는 편집증, 병적인 자아도취 혹은 고집과 집착이 있을 수 있다. 곧, 사회적 복잡성을 바라보는 안목이 부족하여 고정된 선입견과 세상에 대한 편협한 안목을 보일 수 있다.

테러집단의 경우 통상적인 분류의 병리病理가 존재할 것으로 짐작할 수 있겠지만 조금은 다르다. 오히려, 이러한 집단의 지도자들은 자극을 찾아다니며, 외향적이며, 행동 지향적이고 생각은 고집스러워서 고착固着되어 있다. 이러한 특징들은 각각의 다른 지배체제하의 지도자의 정의定意를 내리는 데 있어서 상당한 범위의 차이가 있을 수 있음을 말해준다. 그리고 통상적으로 지도자가 되는 사람들의 인성이 보편적으로 바르다고 마지못해 인정할 수는 있을지 몰라도, 신神이 아닌 이상, 생물학적으로 보면 신격화 된 지도자조차도 평가를 필요로 하는 특정한 하나의 개인적인 인간일 뿐이다.

2) 인간성의 도표Influences on a person's psychology

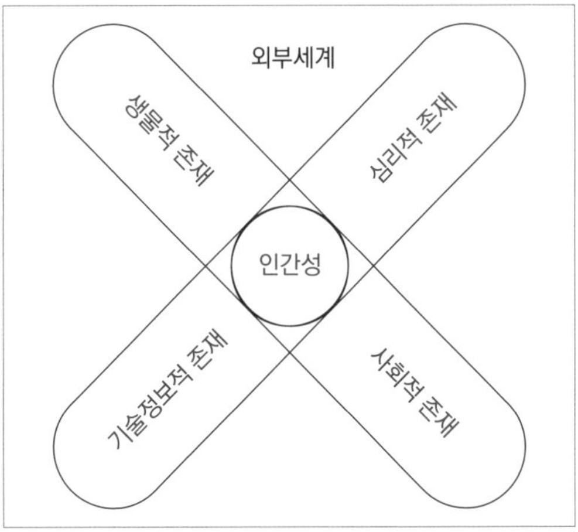

기본 인간성

우리가 인간이라 부르는 존재의 핵심인 인간성을 형성하기 위하여 과거에는 생물-심리-사회적bio-psycho-social인간형이 요구되었으나, 현재에는 기술/정보적techno/inform 인간형이 추가적으로 요구된다.

3) 지도자에게 요구되는 수양Required disciplines

현대적인 일반 사회인의 경우 생물-심리-사회적 인간형에 요구되었으나, 현재에는 기술/정보적 인간형이 추가적으로 요구된다고 방금 이야기했지만, 특정 집단을 리드해야 하는 지도자에게는 보다 복잡하고 넓고 다양한 능력이 요구된다. 고로 지도자의 자질 평가에 대해서도 특정한 영역의 전문가들이 필요하다.

이제 우리에게 필요한 것은 지도자의 자질을 평가하는 데 무엇이, 누가 개입할 것이냐는 것이다. 사람구실을 하거나 지도자 구실을 하기 위해 상당히 다양한 분야를 소화해내야 하는 만큼, 지도자의 자질을 평가하기 위해서도 매우 다양한 분야의 다각적인 참여가 필요하다.

정신과적, 심리학적 및 신경-인지학적 과학 전문가

사회학적, 문화 인류학적 및 법적 전문가

정치과학적 및 경제학적 전문가

역사학적, 군사적 및 외교적 전문가

사회물리학적, 대인교류(소통), 진실검증 및 정보수집 전문가

경영효율성 연구, 빅데이터 분석 및 컴퓨터공학 전문가

등의 참여가 필요하며, 지도자로서의 개인이 이러한 자질들을 갖추고 있는지를 평가해야 한다.

그러므로 특정 개인 혼자서 이러한 작업을 수행해 내기란 어렵

다. 이 글의 출판을 기점으로 하여 사회여론이 형성되고 여건이 허락된다면, 위의 다양한 전문가들과의 협조 작업이 이루어질 가능성이 매우 높다.

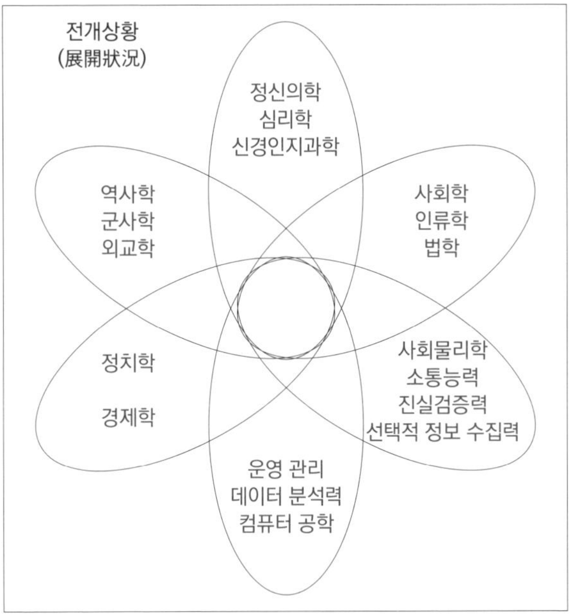

지도자에게 요구되는 수양적(修養的) 영역. 지도자에게 요구되는 더욱 복잡해진 인간성 도메인. 지도자는 이런 것들을 모두 소화해 내야 지도자로서의 인격을 부여받는다.

4) 지도자의 개념적 모델Conceptual model of a leader

인간에게는 근본적으로 유전적, 신체적, 사회적 요소가 존재하며, 개인의 성장과정도 영향을 준다. 추가적인 발생유전학적 요인들이 간섭할 수 있으며, 현대사회에서는 기술적(과학적) 필터링을 통한 변화가 발생하는데, 궁극적으로 이들이 혼합되어 사람의 심리상태를 결정한다. 요즘은 개인이 복용중인 각종 약물 등이 심리상태에 영향을 미칠 수도 있다.

사람은 상황이 주어지면, 먼저 상황을 판단하게 되고 사고력을 통해 계획을 세운 후 실제적인 행동으로 옮기는 절차와 과정을 밟게 된다. 이것이 가장 고전적인 행동 모델인 것이다.

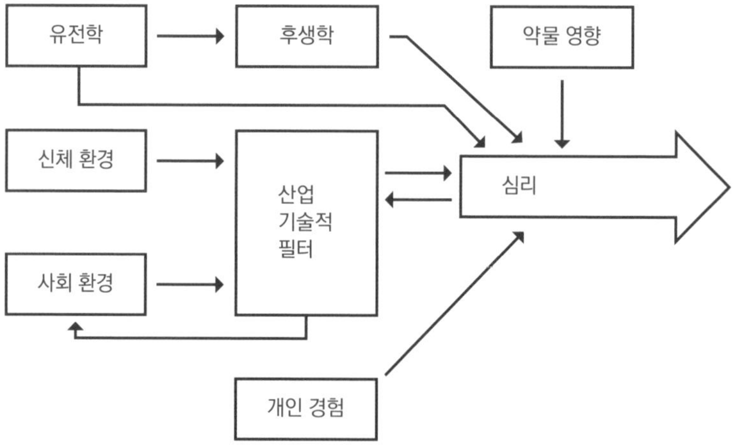

지도자의 개념적 모델(Conceptual model of a leader). 산업-기술적 혹은 시스템 공학(system engineering) 필터링이란 단계가 존재한다.

리더십에 대한 연구 이론들에 의해 다음과 같은 것들에 대한 관심이 높아졌다.

기질氣質, traits, 상황대처狀況對處, situational interaction, 기능機

能, function, 품행品行, behavior, 지배력支配力, power, 통찰력通察力, vision, 가치관價値觀, values, 카리스마charisma, 지적수준知的水準, intelligence 등이 그것이다.

즉, 기본적인 성품의 기질을 갖추어야 하며, 각종 상황에 대한 대처능력이 있고, 제대로 기능하며, 품행이 방정하고, 집단을 이끌 지배력을 보여야하며, 미래와 현실을 똑바로 보는 통찰력과 비뚤어지지 않은 가치관, 그리고 백성으로 부터는 존경받고 적에게는 위엄을 보일 수 있는 카리스마와 모든 일을 제대로 처리할 수준의 지적능력을 갖추고 있어야 감히 지도자로 나설 수 있다는 뜻이기도 하다.

과분한 은총恩寵의 뜻을 가진 카리스마χάρισμα라는 그리스어이다. 탈랜트talent라는 단어도 많이 사용하는데, 달란트τάλαντα라고도 부른다. 화폐의 단위이지만, 이 역시 일종의 재능이라는 뜻이다. 둘 다를 갖추어야 일단은 지도자로 나서기에 편리하다.

더하는 자료

대선을 앞둔 국민을 위한
구체적이고도 자세한 검증 절차

01
대선 후보에 대한 검증
- 검증위원회가 성립되어 후보자가 협조할 경우

• • • •

후보의 협조가 이루어질 경우, 어려운 점은 별로 없다. 대선 후보로 정식 등록 후 법적으로 정한 기일 내에 의무적으로 받도록 한다.

실시항목으로는, 다면적인성검사MMPI, 간이정신상태검사(MMSE-K), 문장완성검사(SCT), Beck 우울 척도(BDI), 로르샤흐 검사(Rorschach Test), 지능검사(IQ Test), 벤더-게슈탈트 검사(BGT) 등을 실시한다. 정상적인 성인이라면 이 모든 검사를 수행하는 데 길어도 4시간 정도면 충분하다.

아주 특별하거나 특출 나거나 괴로운 검사도 아니다. 일반적인 검사일 뿐이다. 단지, 이들 검사 결과가 개인의 전문경력과 직업에 위해危害를 가하려는 목적으로 사용되어서는 안 된다는 전제조건이 붙는다.

다면적인성검사MMPI[1]

• • • •

MMPI검사(Minnesota Multiphasic Personality Inventory)는 우리 말로는, 다면적인성검사라고 불린다.

1943년 미국 미네소타 대학에서 처음 발표 된 후 세계적으로 가장 널리 사용되고 있는 심리검사 이다. 원래 MMPI는 정신 질환자들을 평가하고 진단함에 있어 보다 효율적이며, 신뢰성 있는 심리검사를 개발 하려는 목적으로 개발 된 검사이지만, 정상인과 병리적 증상이 있는 개인의 차이를 확인 할 수 있기 때문에 정상인 집단의 성격경향성을 평가하는 데 전 세계적으로 널리 사용되고 있으며, 기업, 군대의 선발 도구 혹은 상담이나 치료를 보조하는 하나의 자료로 활용되고 있다.

MMPI는 비정상적 심리상태를 측정하는 10가지의 임상척도와 그 사람의 검사 태도를 측정하는 4가지 타당성 척도로 구성 된다. 4가지의 타당도 측도란, 응답을 회피하거나, 개인적 결함을 인정하지 않으려 하는 것과, 정상인의 응답과 크게 벗어나는 반응을 보일 경우 및 검사에 임하면서 심리적 방어를 하였는지를 측정하는 척도들이다. 즉, 무응답 척도(?), 거짓말 척도(L), 비전형 적도(F), 교정 척도(K)의 4가지 타당성 척도이다.

10가지 임상적 척도란 것은, 다음과 같은데, 당연히 정상범위보다 높은 것이 문제가 되지만, 정상법위보다 낮을 경우에도 임상적 의미를 확인해야 한다.

1) 건강염려증Hs

개인이 호소하는 신체적 증상과 이러한 증상들이 다른 사람을 조정하는데 사용되고 있지 않는가의 여부를 측정 하는 것.

2) 우울증D

우울 증상을 점검하기 위한 것이다. 검사 실시 당시의 검사자의 비관 및 슬픔의 정도를 나타내는 기분의 척도이다.

3) 히스테리Hy

현실적 어려움이나 갈등을 회피하는 방법으로 부정의 방어기제를 사용하는 경향 및 정도를 판단하는 것이다.

4) 반사회성Pd

목적은 사회적 적응 전반을 평가 하는 것이지만, 병적인 이유 없이 가족으로부터 소외, 사회적 무감각, 학교나 권위적 인물과의 갈등, 자기와 사회로부터 소외를 다룸, 법적인 문제를 계속 일으키는 것을 가려낸다.

5) 남성성-여성성Mf

남성특성과 여성특성을 측정하며, 동성애 감정과 성정체성의 혼란이라는 문제가 있는 남성을 확인하기 위해 만들어진 것이긴 하지만, 지능, 교육 및 사회경제적 수준과 관계가 있어 지능이 높고 교육수준이 높고 사회적 지위가 높을수록 높아지는 경향도 있다.

6) 편집증Pa

편집장애 상태에 있는 사람을 알아보기 위한 것으로 대인간 감수성, 공정성, 의심의 정도를 측정한다.

7) 강박증Pt

도구개발의 초기에는 정신쇠약을 측정하기 위한 것이었지만, 현재는 강박증 척도라고 불리고 있다. 불안과 자기불신을 가장 잘 측정할 수 있는 임상척도 이며, 주로 오랜 동안 지속되어 온 만성적 불안을 측정하며, 세심하고 섬세한 사람일 수도 있고 불필요한 걱정이 많은 사람일 수도 있다.

8) 정신분열증Sc

정신적 혼란을 측정하는 척도로써 기괴한 사고방식이나 행동양식을 지닌 사람을 판별해 준다. 냉담하고 무 감동적이며, 사고와 의사소통에 곤란이 있고 정신병적 사고방식을 가지고 있을 수 있으며, 실제적인 대인관계보다 백일몽이나 환상을 더 즐기며, 열등감 및 심한 자기불만에 빠져 있을 수 있다. 사회적 접촉을 회피하고 혼자 있기를 선호 하며, 스트레스에 대하여 공상이나 환상의 방어기제를 사용하여 도피하기 때문에, 현실과 환상을 구분하지 못하는 경우가 있다.

9) 경조증Ma

정신적 에너지를 측정하는 척도로 이 척도가 높으면 그 사람은 정력적이고, 그 정력으로 무엇인가를 하지 않고는 못 견디는 사람일 수 있다. 그러나 인지기능의 영역에는 사고의 비약飛躍 및 과장誇張을 보이고, 행동 영역에는 불안정성, 흥분성, 민감성 및 기분의 고양高揚을 나타낸다.

10) 내향성Si

수줍고, 사회적 기술이 부족하며, 사회적 상호작용에서 불편하며, 대인관계를 맺으려 하지 않는다. 혼자 있는 것을 선호하는 정도를 말하므로, 내성적인 성격을 평가하는 척도이다. 오히려 수치가 낮다면 외향적인 사람이라고 판단할 수도 있다.

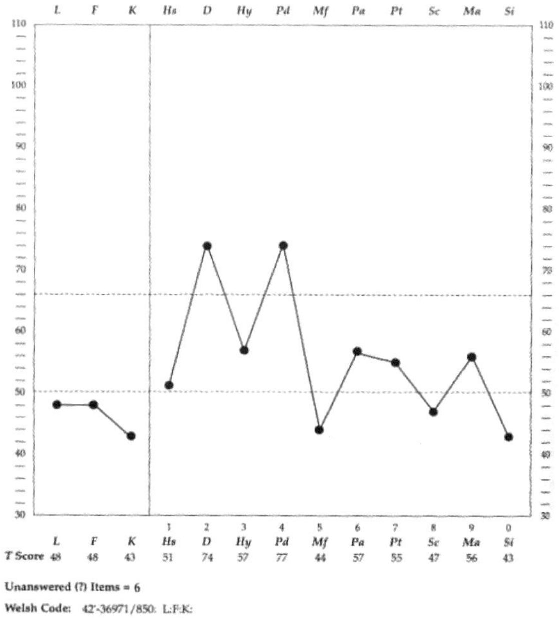

다면적인성검사 MMPI의 각항의 점수를 환산하여 그려진 개인의 프로파일. 특정인물의 것이 아닌 무작위 견본임을 감안하고 봐야 한다.

간이정신상태검사MMSE-K[2]

• • • •

한국형 간이정신상태검사(Mini-Mental Status Examination-Korea: MMSE-K)라고도 불리는 이 검사는 Folstein 등에 의해 1975년 정신의학연구 저널Journal of Psychiatric Research에 그의 논문의 부록으로 게재되었던 것이, 현재에는 전 세계적으로 활용되고 있다. 물론 치매진단에 활용되지만, 앞서 언급한 MMPI에 비해 더 쉽게, 더 빨리 측정(5~10분)이 가능하며, 개인의 인지기능상태와 간단한 정신 상태를 확인할 수 있는 장점이 있으며, 나름대로의 가치가 큰 검사이다. 기억의 보관, 주의집중력, 계산능력, 기억의 회상, 언어, 간단한 지시에 응할 수 있는 능력 및 시간, 장소, 사람에 대한 지남력指南力, orientation 등을 평가한다.

문장완성검사SCT[3]

• • • •

문장완성검사는 갈톤Galton에 의해 자유연상법free association test이 연구되면서 운트Wundt와 카텔Cattell이 이것을 단어연상법word association test으로 발전시키면서 등장하였다. 크레펠린Kraepelin과 융Jung의 임상적 연구가 문장완성검사라는 검사방법의 토대가 되었다고도 한다.

문장완성검사는 투사적 검사 중에서도 가장 간편하면서도 매우 유용한 검사 중 하나이다. 수행시간은 20~30분 정도이며 자기보고식自己報告式검사이기 때문에 혼자서 수행할 수 있고 동시에 큰 집단을 대상으로 할 수도 있다. 검사 지시자는 "머릿속에 처음 떠오른 생각으로 뒤 문장을 가능하면 빨리 완성하십시오." 라는 간단한 지시만 해주고, 피검자는 몇 개의 단어로 시작하는 불완전한 문장이 적혀 있는 용지를 받아 그 문장들의 뒷부분을 이어서 채우면 되므로 실시가 간편하다.

Beck 우울 척도BDI[4]

• • • •

기본적으로 21 문항으로 이루어진 벡-우울척도Beck Depression Inventory는 벡Aaron T. Beck에 의해 개발된 자기보고식自己報告式 설문도구로, 우울증의 정도를 측정하는데 세계에서 가장 널리 사용되는 진단 도구이다. 증상의 정도에 따라 다르겠지만, 우울증은 우리나라 국민 100명 중 7명꼴로 1년에 한번 이상 발생할 정도로 흔한 질환이 되었으며, 증가추세에 있다. 반드시 알아보아야 할 정신병리인 것이다.

로르샤흐 검사Rorschach Test[5]

Rorschach검사는 유명한 검사이다. 이 검사에 사용되는 그림들은 비록 검사를 받아 본 적이 없더라도, 검사에 사용되는 그림 중 하나 정도는 누구나 한 번쯤은 보았을 것이다. 로르샤흐 잉크 반점 검사Rorschach Inkblot Test는 스위스의 정신과 의사 헤르만 로르샤흐가 1921년에 개발한 성격검사 방법으로 좌우가 대칭의 잉크 얼룩으로 인해 만들어진 특별한 형태의 카드 10장을 이용한다. 특정 형태를 보고 그린 그림이 아니므로, 형태가 뚜렷하지 않은 카드의 그림을 보여주면서 무엇처럼 보이는지, 무슨 생각이 나는지 등을 자유롭게 물어보면서 피험자의 성격과 무의식을 분석해 볼 수 있다.

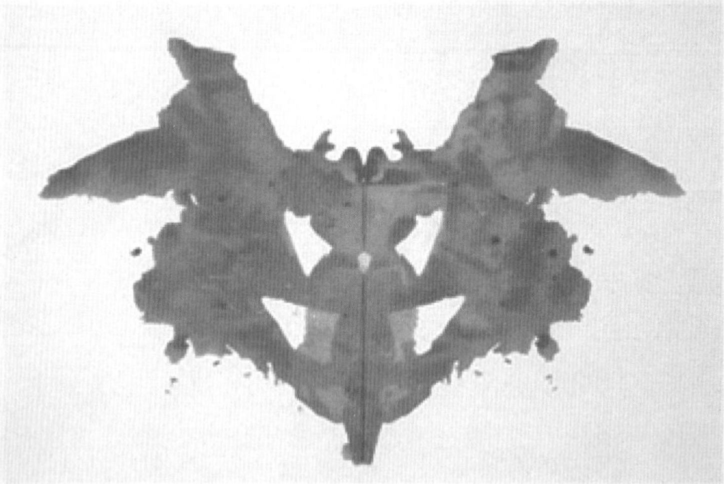

로르샤흐 잉크 반점 검사(Rorschach Inkblot Test)

로르샤흐 검사와 비슷한 맥을 가지고 있는 것이, TAT 주제主題통각검사Thematic Apperception Test라는 것으로, 로르샤흐 검사와 함께 전 세계적으로 널리 사용되고 있는 투사적 검사이다. 이 또한 상당히 유명한 검사이다.

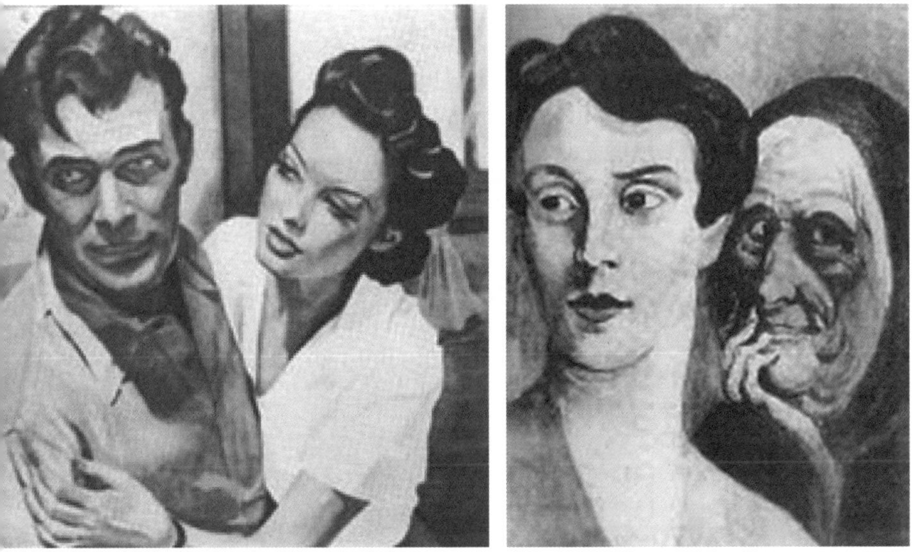

TAT 주제主題통각검사(Thematic Apperception Test)

지능검사IQ Test[6]

1) 웩슬러 성인용 지능검사 WAIS

웩슬러 성인용 지능검사Wechsler Adult Intelligence Scale는 성인과 후기청소년기 개인들의 지능IQ 및 인지기능을 측정하기 위해 개발된 도구이다. 1939년에 출간된 웩슬러-벨뷰 지능검사Wechsler-Bellevue Intelligence Scale에 대한 개정판으로 1995년에 웨슬러David Wechsler에 의해 소개되었다. 현재는 4차 개정판이 2008년 공개되어 사용되고 있으며, 이 역시 전 세계적으로 가장 널리 사용되고 있는 지능검사이다. 우리는 통상적으로 지능지수는 한가지로 이루어져 있다고 생각하지만, 지능에는 언어지능Verbal IQ과 동작지능Performance IQ의 두 가지가 존재한다. 이들의 합이 IQ인 셈이다. 상황에 따라 다르겠지만, 45~65분分 사이에 이루어져야 하는 검사이므로, 바둑대회에서의 초읽기와 비슷한 상황이 벌어진다.

2) 지능지수IQ의 통상적 구분

지능지수	수준	LEVEL	인구분포/백분율
130 이상	최우수	very superior	2.2
120-129	우수	superior	6.7
110-119	평균상	high average	16.1
90-109	평균	average	50.0
80-89	평균하	low average	16.1
70-79	경계선	borderline	6.7

지능지수	수준	LEVEL	인구분포/백분율
69 이하	정신지체	mental deficient	2.2

웩슬러 성인용 지능검사를 통해 얻어진 지능지수의 단계별 구분. 정신지체에서 최우수까지의 단계를 나타낸다. 물론 69이하의 정신지체에 대한 세분화된 분류도 존재한다.

3) 고대 비네 지능검사

비네Alfred Binet가 1905년 처음 제작한 이래로 많은 개정을 통하여 발달된 검사이다. 고려대학에서 표준화한 한국판 고대 비네 검사는 지능이 연령에 따라 발달한다는 이론에 의거하여 문항이 선정되었다. 만 4세부터 14세 아동에게 실시할 수 있는 개인검사이다. 검사 내용은 어휘, 기억, 추상 추리, 숫자개념, 시각적-지각기능, 사회능력과 같은 다양한 능력을 평가하도록 되어 있다. 어린이용 검사를 이곳에 추가한 이유는, 비록 성인이라 할지라도, 협력능력의 부족으로 앞서 소개한 웩슬러 성인용 지능검사를 적용하기 어려운 성인에게도 적용할 수 있기 때문이다.

벤더-게슈탈트 검사BGT[7]

• • • •

이 검사는 3세 이상의 모든 개인을 대상으로 실시할 수 있는 검사이며, 정식명칭은 벤더 시각운동 게슈탈트 검사Bender Visual Motor Gestalt Test이다. 시각운동기능, 발달장애, 신경학적 장애 여부를 측정해낸다. 방법은, 9개의 단순 도형을 모사模寫(그대로 따라서 그리게 하는)시키는 것이다. 게슈탈트Gestalt는 모습, 형체, 형상, 형태, 형식을 의미하는데, 독일어라고 보는 것이 가장 정확할 것이다.

02
당선인에 대한 검증

• • • •

당선 후 스트레스 혹은 기본인격의 악화로 인하여 변화 가능성이 매우 크므로 매 1년마다, 다면적인성검사MMPI, 간이정신상태검사MMSE-K, 문장완성검사SCT, Beck 우울 척도 BDI, 로르샤흐 검사Rorschach Test, 벤더-게슈탈트 검사BGT 등을 실시한다. 동일한 검사 항목이지만 지능검수는 제외하였다. 그리고 추가로, 임기 중의 스트레스 변화의 차이를 측정하기 위하여 간이 스트레스 검사를 추가한다.

간이 스트레스 검사는, 1967년 정신과 의사인 홈스 등Thomas Holmes and Richard Rahe이 시행한 유명한 연구에 기반을 두고 있다. 즉 스트레스가 개인의 건강에 영향을 끼치는지에 대한 조사였는데, 5천 명의 환자들에게 지난 2년간 어떠한 인생의 변화(전환기)를 겪었는지를 연구했다.

배우자의 사망을 100점, 이혼을 73, 별거 65, 투옥 63, 가까운 가족의 죽음 63, 개인적 부상 혹은 질병 53, 결혼 50, 실직 47, 퇴직 45, 임신 40, 이직 39, 재산상태의 변하 38, 가까운 친구의 죽음 37, 대출이 빚 31, 자녀의 결혼 29, 배우자의 퇴직 26, 이사 20, 휴가 13, 크리스마스 12, 등으로 '아무런 일이나 변화가 없었다'의 0점으로부터 '배우자의 죽음'을 100점으로 한 기준을 마련하였다.

대한민국의 정서와는 약간 맞지 않는 부분도 있고, 때로는 휴가, 승진이나 복권당첨 등과 같은 즐거운 변화도 스트레스 요인이 된다는 점을 기억해야 할 것이다. 어찌 보면 대통령이 된다는 것 자체는 대한민국사람이 겪게 될 가장 큰 스트레스일지도 모른다.

지능검사는 다시 한다고 해서 지능이 임기 중 크게 변화 했을 가능성이 없기 때문이다. 그리고 후보 등록 이전 한 번이면 충분하지 왜 매년마다 실시하느냐에 대한 불만이 있을 수 있지만, 군대의 장군이나 여객기 조종사의 계약기관과 정년을 보장한다고 해서, 이들에 대한 검증이 면제되는 것이 아니고 매년 실시하기 때문인 것이 그 이유이다.

03
대선 후보에 대한 검증
- 검증위원회가 성립되지 못하여 후보자가 협조하지 않을 경우

····

후보의 협조가 이루어지 않더라도, 역시 어려운 점은 별로 없다.

이런 경우라 할지라도, 후보들에 대한 정신 상태 검증은 가능하다. 그리고 만약, 이러한 검증 결과에 불복하거나 못마땅하게 여기는 결과가 발생한다면, 당당하게 일반적인 검사에 응하면 될 것이다.

일반적 검사들의 경우 본인의 협조 하에서 이루어지기 때문에 시행이 가능하지만, 개인이 검사진행을 방해하거나 거부할 경우에는 정확한 측정은커녕 아예 측정 자체가 불가능한 경우가 발생한다.

이에, 해외의 정신의학자들과 심리학자들은 특정 개인의 정신 상태를 직접적이 아닌 간접적으로나마, 비교적 그 검사의 신뢰도Reliability와 타당도Validity를 갖출 수 있는 수준에서의 간접 검사 기법들을 개발해내고 있다.

앞서의 지도자들의 발언 및 단어 혹은 문장의 조합 그리고 화법을 양적으로 분석하여 재구성하는 방식의 단어-구름Word Cloud 이외에, 비록 아주 널리는 아니지만, 특정적으로 사용되는 기법들이 존재한다. 언급하였듯이, 이 작업에는 많은 인원과 시간과 자금이

소요되므로 쉽게 시행하기는 어렵다. 국내에는 훈련된 요원들도 거의 없으며, 통상 20~30명 이상의 전문요원을 필요로 한다. 단순히 화법을 양적으로 분석 재구성하는 작업만 하더라도 특별한 프로그램과 고성능 컴퓨터의 도움을 받아야 한다.

향후의 검증 시스템의 발전을 기대하면서, 실질적 검증 순서와 방법 그리고 도구들을 소개하려 한다. 간접적 방법을 이용한 검증은 다양한 장르를 포함할 수 있다. 너무 많은 것을 포함시키려고 욕심을 부리면 추후에 너무 잡다하고 불필요한 변수 혹은 변인들로 인해 연구 결과 자체에 부정적인 영향을 기칠 수도 있기에, 당장 필요한 것들만 예시하였다.

자료의 수집

① 예상 후보들의 학교시절의 생활기록부 (최고 12년간)을 제공받는다.

② 수집 가능한 개인사(발달사)를 수집한다.

③ 신문이나 인터넷 기사들에 언급된 예상후보자에 대한 자료를 수집한다.

④ 본인의 자서전 등 중점적으로 예상후보에 대해 언급된 서적을 수집 분석한다.

⑤ 객관적 주변 인물들과의 인터뷰를 통해 예상후보자가 주변 사람들에게 어떻게 비추어지는지를 파악한다.
⑥ 후보등록 전 및 등록 후의 각종 매체와의 인터뷰, 연설, 및 공개토론 자료들을 모두 수집한다.
⑦ 후보자의 정치성향 혹은 행적까지 추적할 필요는 없다.

①~⑥의 항목을 수집한 빅 데이터는, 메타분석Meta-Analysis을 통해 분석될 것이며, 타당성과 신뢰성을 검증하는 과정을 거친다.

객관적 정신 상태 진단 평가도구의 필요성

• • • •

정치지도자들의 자발적인 검사참여를 기대하지는 않는다. 하지만, 이들을 점차적으로 자발적인 참여로 끌어들일 복안은 있다. 사람이란, 흥미롭게도 남이 자신을 변호해 주는 것 보다는 자기 스스로 변호하기를 선호한다. 주로 변호사의 변호가 마음에 안들 때에 그렇다. 그러므로 자신들에게 불리한 지표가 공개되고 또 그것이 하나의 유행이고 추세가 된다면, 정치지도자들은 자발적으로 자신의 훌륭함을 보여주겠다고 나설 것이다.

그때는 간접적 진단평가도구가 아닌, 직접적인 정신 상태 검사들을 실행할 환경이 주어질 것이다. 고양이가 스스로 자기 목에 방울을 달아주는 것만큼 쥐들에게 감동정인 장면은 없을 것이다. 대한민국의 지도자들 자신들이 무슨 독재정권의 포악한 지도자도 아니고, 테러단체의 두목도 아닌데, 이러한 검증과정을 굳이 회피할 이유는 없을 것이다.

그러나 아직은 익숙하지 않을 것이므로, 우선은 간접적 정신 상태 진단평가도구를 이용한 검증부터 시작해볼 것을 권한다.

밀론 진단 기준 평가도구의 탄생

• • • •

밀론 진단평가기준(Millon Inventory of Diagnostic Criteria: MIDC)는 실제로 일부 세계 지도자들에게 적용되어 그들의 성격유형의 분석 및 해석에 활용되었다. 미국 하버드 대학의 정신과의사인 헨리 머래이Henry A. Murray는 1943년 10월, 독일 나치의 지도자인 히틀러의 심리상태를 분석한, 「아돌프 히틀러의 성격분석」이라는 보고서를 작성한다. 이 보고서는 미국 C.I.A.의 전신인 O.S.S.의 기밀문서로 분류되었던 듯하며, 이후 정치 지도자의 성격에 대한 과학적 연구 자료로써 전문가들의 지속적인 관심을 끌었다. 그런 지속적인 관심 속에서 탄생한 것이 바로 밀론 진단평가기준이라는 간접적 성격(인격)검사, 진단, 및 평가방법이다.

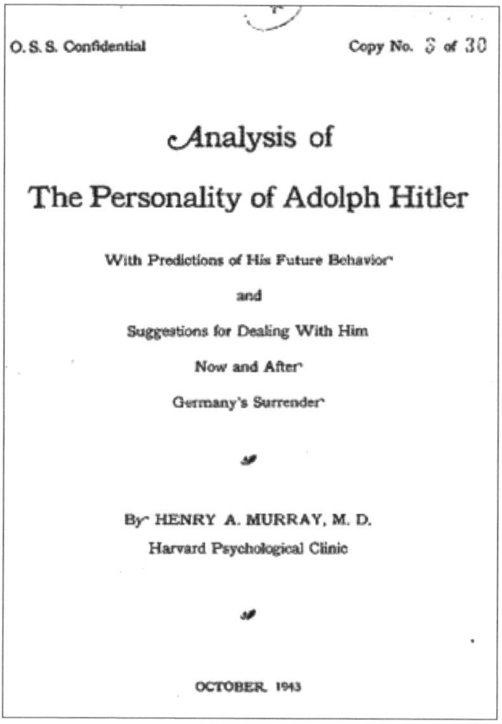
O. S. S. Confidential Copy No. 3 of 30

Analysis of

The Personality of Adolph Hitler

With Predictions of His Future Behavior

and

Suggestions for Dealing With Him

Now and After

Germany's Surrender

By HENRY A. MURRAY, M. D.

Harvard Psychological Clinic

OCTOBER 1943

헨리 머레이(Henry A. Murray), '아돌프 히틀러의 성격분석 1943년' 의 표지(表紙). O.S.S. Confidential 이라는 글자가 위에 적혀있다. O.S.S.는 Office of Strategic Services, 전략 정보국의 약자로, 제2차 세계 대전 당시 미국의 정보기관이었으며, C.I.A.의 전신이다.

밀론 진단평가기준은 여러 세계 지도자들의 인격평가에 사용되었으며, 독재자 혹은 테러지도자들에 대한 전략적 정보평가를 위해 사용되기 시작하였다. 1999년 오브리 임멜만Aubrey Immelman과 스타인버그Steinberg는 시어도어 밀론Theodore Millon(1928~2014)의 논문에서 밀론이 개발한 진단평가기준을 개량하여 정치영역에서의 성격분석에 특화시켰다. 밀론 교수는 미국의 저명한 심리학자로 성격

(인격)장애에 대한 연구에 지대한 영향을 끼친 사람이다.

그가 개발한 다양한 진단 도구들은 정신질환 진단 및 통계 편람(Diagnostic and Statistical Manual of Mental Disorders: DSM)의 초기 작업에 큰 기여를 했다. 1960년대로 거슬러 올라가는 그의 연구들은, 머래이의 아돌프 히틀러의 성격분석과 임멜만의 최근 세계 지도자들에 대한 성격분석이 본격화될 수 있는 든든한 다리를 건설해 준 셈이다.

여기에서 다 소개할 수는 없겠지만, 임멜만 교수의 최근 작품은 2016년 10월의 『공화당 대통령 후보 도널드 트럼프의 정치적 성격에 대하여The Political Personality of 2016 Republican Presidential Nominee Donald J. Trump』라는 논문이다.

2017년 1월에는 『미국 대통령 도널드 트럼프의 지도자 스타일 The Leadership Style of U.S. President Donald J. Trump』이라는 논문이 바로 뒤를 이어 나올 정도로 활동력이 왕성한 학자이다.

밀론 교수의 진단 기준 평가도구를 활용한 분석논문은 일일이 다 열거할 수 없어, 몇 개만 열거해 보겠다.

미국 대통령 조지 부시(George W. Bush; Immelman, 2002)

인도 총리 인디라 간디(Indira Ghandi; Steinberg, 2005)

프랑스 대통령 니콜라스 사르코지(Nicolas Sarkozy; Immelman & De Sutter, 2008)

시리아 대통령인 바샤르 알 아사드(Bashar al-Assad; Boureghda, 2012)

이런 논문이 발표된 바 있다. 이 외에도 빌 클린턴을 포함하여 다수의 미국정치가들에 대한 조사도 진행되었다.

추가적으로, MIDC를 정신심리분야에서 유명하게 만든 사담 후세인(Sadam Hoessein; Post, 1991)과 오사마 빈 라덴(Osama Bin Laden; Immelman, 2002)에 대한 논문이 있다. 앞서의 시리아 대통령 알 아사드에 대한 서구의 이미지는 부정적이지만 아사드는 아직 생존해 있으며 시리아의 대통령직을 유지하고 있는 반면, 사담 후세인과 오사마 빈 라덴은 이미 고인이 되었다.

MIDC는 간접적이나마 세계 지도자들의 성격 상태를 프로파일링해 볼 수 있는 도구이다. 즉, 정보수집 전문가들과 팀이 되어 지도자들의 일대기, 텔레비전 인터뷰, 다큐멘터리, 전기, 뉴스 등의 정보를 수집하여 수치화하고 이것들에 '임멜만 방법Immelman method'을 적용함으로써, 타당성과 신뢰도가 있는 분석 자료를 얻어 낼 수 있다. 이 작업들은 쉬워 보일 수도 있겠지만, 많게는 20여 명에 가까운 연구진이 전기적 자료傳記的資料, biographical data의 수집이라는 한 가지 업무에만 동원될 정도로 쉽지 않은 과정이다.

밀론의 개인논리적 모델personological model이 정치와 관련된 인물들의 인성파악에 적용될 수 있음은 이미 쉽게 접근하기 어려운 몇 몇 세계 지도자들에 대한 심도 있는 연구결과의 발표로 이미 증명된 것으로 보인다. 2002년 오사마 빈 라덴, 2012년 시리아 대통령 바샤르 알 아사드에 대한 성격 및 심리 프로파일링이 바로 그것이다. 물론 미국에서 관심을 끌게 된 것은 2000년대에 들어와서이지만, 밀론이 제시한 모델은 1969년까지 거슬러 올라간다.

현재 거의 세계 각국에서 표준화된 미네소타 대학의 다면적인성검사(Minnesota Multiphasic Personality Inventory: MMPI)의 첫 발행이 1943년인 점을 감안한다면, 밀론의 검증방법도 전통성이 부족하다고는 볼 수 없을 것이다.

현재 대한민국의 육군에서 사용하는 표준 인성검사도 'MMPI'이다.

밀론 진단 기준 도구에는 8가지의 속성영역屬性領域이 존재한다. 그리고 이러한 속성영역 외에, 진단 기준에 필요한 측정기준scale과 정밀조정을 위한 정밀기준gradiations을 갖고 있다. 각 항목들에 점수를 배점하여 앞서 본 MMPI(다면적인성검사)와 유사한 프로파일을 얻게 된다.

8개의 속성영역屬性領域이란 다음과 같다.

의사표현행동expressive behavior

대인간행동interpersonal conduct

인지양식cognitive style

기분/기질mood/temperament

자아상self-image

조절기전regulatory mechanisms

대상표상object representations

형태적 통합morphologic organization

첫째 의사표현행동expressive behavior이란 개인이 드러내는 특정한 행동이며, 다른 사람들이 볼 때에 어떻게 보이는지, 본인이 알게 모르게 드러내 보이는 행동들을 말한다.

둘째 대인간행동interpersonal conduct이란 개인이 타인과 상호작용을 하는 특징을 말하며 밑에 깔려있는 개인의 태도가 상대에 대한 행동을 촉진하고 형성한다. 개인 목적을 달성하기 위해 어떠한 방법을 사용하는지, 사회적 긴장감과 갈등에 어떤 식으로 대응하는지 등을 살펴본다.

셋째 인지양식cognitive style이란 개인이 자신의 주의력을 집중하거나 할당하는 능력, 정보를 풀고 해석하는 능력, 생각을 체계화하고 반응이나 아이디어를 타인에게 부여하거나 전달하는 능력 등을 말한다.

넷째 기분/기질mood/temperament이란 개인이 특정적으로 나타내는 정서(기분)으로, 주로 보이는 기분상태를 말한다. 감정표현의 형태는 물론 그 강도 및 빈도를 측정한다.

다섯째 자아상self-image이란 개인이 지각하고 있는 자기 이미지 혹은 개인이 공공연하게 자신을 어떻게 묘사하는지를 말한다.

여섯째 조절기전regulatory mechanisms이란 자기보호, 욕구충족, 갈등해소의 방식이 어떠한지를 조사한다.

일곱째 대상표상object representations이란 타인과의 중대한 초기 경험이 개인에게 내적으로 남긴 강력한 인상, 강력한 지난 경험에 대한 구조적 잔유물들을 말하며, 개인의 인식기능과 향후 일어날 일들을 처리하는 기능에 영향을 주는 기억, 태도, 정서 등으로, 이는 개인의 향후 일생에서 감지하고 반응하는 기질의 토대가 된다.

마지막으로 형태적 통합morphologic organization으로 개인의 성격체계의 구조적 강도, 내부의 조화, 기능적 효율성을 통합 정리해 본다.

진단 기준에 필요한 측정기준scale(척도)과 정밀조정을 위한 기준은 다음과 같으며, 각 항에 대하여 1~3점, 혹은 1~2점을 부여한다.

Scale 1A: 지배성 패턴Dominant pattern

a. 자기주장적Asserting

b. 상대방을 통제하려는 경향Controlling

c. 공격적(가학적)Aggressive

Scale 1B: 두려움을 모르는 패턴Dauntless pattern

a. 모험주의적으로 대담한Venturesome

b. 반항적Dissenting

c. 과장스러움Aggrandizing/Antisocial

Scale 2: 야심 패턴Ambitious pattern

a. 자신감Confident

b. 자기 잇속 차리기Self-serving

c. 착취형Exploitative/Narcissistic

Scale 3: 외향성 패턴Outgoing pattern

a. 붙임성이 좋은Congenial

b. 무리나 파당을 잘 짓는Gregarious

c. 충동적 연극적Impulsive/Histrionic

Scale 4: 순응능력 패턴Accommodating pattern

a. 협력적Cooperative

b. 동의하는Agreeable

c. 고분고분한/의존적Submissive/Dependent

Scale 5A: 억울함(학대당한) 패턴 Aggrieved pattern)

a. 함부로 나서지 않기Unpresuming

b. 자기부정Self-denying

c. 패배의식Self-defeating

Scale 5B: 경쟁성 패턴Contentious pattern

a. 단호함Resolute

b. 대립적Oppositional

c. 비협조적/수동공격적Negativistic/Passive-aggressive

Scale 6: 원리원칙주의적 패턴Conscientious pattern

a. 존중적Respectful

b. 의무를 다하는Dutiful

c. 강박적Compulsive/Obsessive-compulsive

Scale 7: 말을 아끼는 패턴Reticent pattern

a. 신중한Circumspect

b. 억압,억제된Inhibited

c. 회피적Withdrawn/Avoidant

Scale 8: 위축적 패턴Retiring pattern

a. 내성적Reserved

b. 냉담적Aloof

c. 고독/자기몰입/외부차단Solitary/Schizoid

Scale 9: 불신감 패턴Distrusting pattern

d. 의심이 많은Suspicious

e. 편집증적/피해망상적Paranoid

Scale 0: 변덕스러움 패턴Erratic pattern

d. 불안정Unstable

e. 폭풍적Borderline

참고로 마지막 스케일 0 의 e 항목의 Borderline을, '경계성'이 아닌 '폭풍적'이라 표현한 것은, 감정조절의 어려움으로 인하여 심한 감정의 기복을 보이며 충동적이고 불안정하고 자아상이 열악하여 타인과의 관계가 마치 폭풍우처럼 강력하게 이루어지고 전개되기 때문이다. 이들은 남들에게 버림받는 것을 무척 두려워하기 때문에 자해 혹은 자살과 같은 파괴적 행동을 개의치 않는다.

확장된 MIDC(the diagnostic criteria for the extended MIDC)

• • • •

밀론 진단평가기준의 측정기준과 정밀조정을 위한 기준에 사이코패시 검사표-개정판(Psychopathy Checklist-revised: PCL-R; Hare, 2003)의 기준 6개를 더 추가하고 또한 새롭게 점수를 배정하는 방법[8]을, 확장된 MIDC라고 부른다. 최근에는 확장된 MIDC를 활용한 연구가 많아지고 있으므로, 함께 소개하겠다.

Scale 11A, Scale 11B, Scale 11C, Scale 11D, Scale 11E, Scale 12 등이 추가된 6개의 기준들이다. 아래는 추가된 사이코패시 검사표-개정판의 6항의 기준이다.

Scale 11A: PCL-R 대인관계적 측면interpersonal facet

입심좋은/얄팍한 매력Glibness/superficial charm

자기 가치에 대한 과대적 느낌Grandiose sense of self worth

병적 거짓말Pathological lying

속임수, 조작적Conning/manipulative

Scale 11B: PCL-R 정서적 측면affective facet

반성의 부족과 죄책감의 부족Lack of remorse or guilt

얕은 감정Shallow affect

냉담함/공감부족Callous/lack of empathy

자신의 행동에 대한 책임 회피Failure to accept responsibility for own actions

Scale 11C: PCL-R 생활방식 측면lifestyle facet

자극의 필요/지루함에 취약Need for stimulation/proneness to boredom

충동성impulsivity

무책임irresponsibility

기생충 같은 삶parasitic lifestyle

현실적, 장기적 목적이 없는 삶lack of realistic, long-term goals

Scale 11D: PCL-R 반사회적 측면antisocial facet

행동 조절의 어려움Poor behavioural control

어릴 적 행동문제Early behaviour problems

청소년 비행Juvenile delinquency

조건부 가석방의 취소Revocation of conditional release

범죄력Criminal versatility

Scale 11E: PCL-R 성생활과 관련된 대인관계상의 행동측면sexual interpersonal behaviour facet

조숙한 성적방종Promiscuous sexual behaviour

여러번의 짧은 결혼생활Many short-term marital relationships

Scale 12: PCL-R 점수의 합계로서의 사이코패시 양상Psychopathy pattern

이상의 방대한 개인정보 및 밀론 진단평가도구와 사이코패시 검사표PCL-R의 검표檢票 및 채점을 거치면, 다음과 같은 답안지가 형성된다.

Score Sheet

	Scale																																		
Domains	1A			1B			2			3			4			5A			5B			6			7			8			9		10		Domain
A	a	b	c	a	b	c	a	b	c	a	b	c	a	b	c	a	b	c	a	b	c	a	b	c	a	b	c	a	b	c	d	e	d	e	totals:
B	1 X	2	3	1 X	2	3	1 X	2 X	3	1 X	2	3	1 X	2	3	1	2	3	1 X	2	3	1 X	2 X	3	1 X	2	3	1	2	3	4	5	4	5	10
C	1 X	2	3	1 X	2	3	1 X	2	3	1 X	2	3	1	2	3	1	2	3	1 X	2	3	1 X	2 X	3	1	2	3	1	2	3	4	5	4	5	7
D	1 X	2	3	1 X	2	3	1 X	2 X	3	1	2	3	1 X	2	3	1 X	2	3	1 X	2	3	1 X	2	3 X	1	2	3	1	2	3	4	5	4	5	9
E	1	2	3	1 X	2	3	1 X	2 X	3	1	2	3	1 X	2 X	3	1	2	3	1	2	3	1 X	2	3	1	2	3	1	2	3	4	5	4	5	6
Total	1	2	3	1 X	2 X	3	1 X	2	3	1	2	3	1 X	2	3	1	2	3	1	2	3	1 X	2	3 X	1	2	3	1	2	3	4	5	4	5	6
	3			5 2			5 6			2			4 2			1			3			5 4 6			1			0			0		0		
Scale totals:	3			7			11			2			6			1			3			15			1			0			0		0		

밀런 평가표의 답안지의 예(Millon Inventory of Diagnostic Criteria: Coding Form (Immelman 2004))

그리고 이 답안지를 도표(프로파일)로 바꾸면, 마치 앞서 본 MMPI처럼 다음 쪽에 나오는 도표와 같은 프로필이 완성된다.

물론, 이러한 프로필이 완성되기까지는 고려해야 할 부분들이 여러 가지 존재한다.

진단적 과정으로써, 정신-진단적 메타분석을 걸쳐야 하는데, 이러한 메타분석meta-analysis이란, 단일한 주제를 조사한 많은 연구들을 모아서 요약 분석하는 비교적 객관적인 연구방법을 말하며 통계적으로 비교적 진실에 가까운 결과를 얻을 수 있다. 즉, 신뢰도와 타당성에 대한 검증이 되었다는 의미이다.

보통, 완성을 위한 세 가지 과정이 있다고 말한다.

첫 번째는, 분석으로 데이터를 수집하며, 연구조사 자료들은 검토되고 분석되어 진단적으로 적절한 내용을 뽑아내고 부호화符號化하는 데 사용된다.

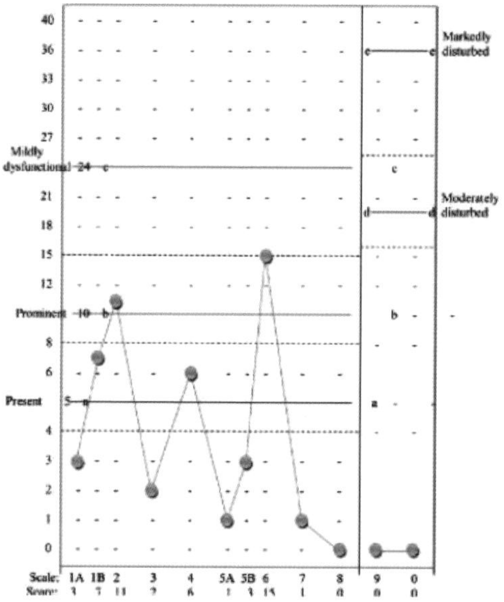

확장된 MIDC(밀론 진단평가기준)의 프로파일(The diagnostic criteria for the extended MIDC profile)

두 번째 단계는, 점수를 매기고 해석을 하는 과정으로, MIDC의 프로필을 적용하여 속성영역 및 성격 패턴의 분석에 필요한 자료를 얻어내는 과정이다.

마지막으로, 드러난 판단근거로 또다시 이차적 판단 근거를 이끌어내기 위해 추론을 과정을 거치는 평가 단계로, 비로소 이러한 과정을 거쳐 묘사, 설명, 추론 및 예측이 가능한 MIDC의 프로필을 완성하게 된다.

분석에 사용되어지는 자료들은 가능하면 많은 출판물, 신문이나 뉴스 기사, 공식적인 발언 등 가능한 많은 데이터를 수집하는 것이 좋으며, 서양인들의 성향을 표준으로 삼은 것이기 때문에, 동서양 등 문화 간의 비교문화적인 측면까지도 고려해야 한다.

필자는, 밀론 진단평가 기준으로 짚어본 2002년의 오사마 빈 라덴과 2012년의 시리아 대통령 아사드의 성품/성격을 살펴보았는데, 워낙 방대한 논문들이라 추후의 연구를 위해 간단한 소개만 하려고 한다.

본 책자에서는 오사마 빈 라덴과 바샤르 알 아사드 대통령 본인들의 프로필은 게재하지 않았다. 앞서의 MIDC profile 및 MMPI-2 profile 등의 프로필들은 무작위로 뽑은 예제이니만큼 착오가 없으시길 바란다.

MIDC로 본 오사마 빈 라덴[9]

• • • •

오사마 빈 무함마드 빈 아와드 빈 라덴Osama bin Laden(1957~2011)은 1957년 사우디아라비아에서 태어난 석유 재벌의 아들이었으며, 이슬람 근본주의적 성향의 국제 테러리스트 조직 알카에다의 지도자이다. 2001년 9월 11일 벌어진 9.11 테러의 배후로 간주되고 있다. 버락 오바마 전 대통령과 힐러리 클린턴 국무장관 및 작전 책임자인 맥레이븐McRaven 해군제독이 주도한 미국의 '해왕성海王星창槍 작전Operation Neptune Spear'을 통해, 2011년 5월 1일에 파키스

탄에서 미국 해군에 의해 사살된 것으로 보도되었다.

빈 라덴의 프로필에서 가장 많이 증가된 것은 2번 척도의 야망으로 그 점수가 30이며, 불굴의 의지를 나타내는 1B 척도는 20점 그리고 9번 척도의 불신감은 9점으로 나타났다. 물론 1A의 지배성, 6의 성실성 패턴도 현저하게 나타나는 편이다.

밀론 진단 기준 평가표는, 산출되는 점수별로, 정상 수준과 문제가 되는 수준을 정해놓고 있는데, MIDC 매뉴얼MIDC manual에 의하면, 척도 1A~8까지는, 각 항별로 5점 이상이면 '그런 경향이 있음'이고, 10점 이상이 되면 '현저顯著한', 그리고 24점 이상이면, '경도輕度의 장애'를 의미한다. 척도 9(불신패턴) 및 0(변덕스러움)은, 15점 이상이면 중등도中等度의 장애, 36점 이상이면 심각한 장애에 해당된다.

고로 빈 라덴의 전반적인 프로필은 '착취적이며 과장되어있고 병적인 자아도취'를 보여 행동의 문제가 있음을 반영해준다.

빈 라덴의 척도 3의 외향성 패턴 점수는 6으로, 현저하지가 않다. 내성적이라는 뜻이다. 그리고 가장 높았던 2번 척도의 야망성 점수인 30점을, 미국의 다른 카리스마적 지도자들과 비교해 보면 다음과 같다.

참고로, Scale 2는 야망, Scale 3은 외향성이다.

인물	척도 2 (야망)	척도 3 (외향성)
오사마 빈 라덴	30	6
빌 클린턴	17	15
미네소타주지사 제시 벤츄라	9	19
아리조나 상원의원 존 매케인	5	11

인물	척도 2 (야망)	척도 3 (외향성)
조지 워커 부시 (아들 부시)	4	16

지도자들의 Scale 2 야망, Scale 3 외향성 간의 비교표

통속적으로 아들 부시라고 부르는 부시 전 대통령이 이들 6명 중 가장 야망이 낮게 나타난다. 미국의 9·11 테러와의 전쟁은 외향적이지만 야망은 없는 지도자 부시와 야망은 높고 내성적인 지도자 빈 라덴 간의 전쟁이었다.

MIDC로 본 시리아 대통령 알 아사드[10]

• • • •

바샤르 하페즈 알 아사드Bashar al-Assad(1965~)는 시리아의 대통령으로, 전 대통령 하페즈 알아사드의 아들이다. 안과의사 출신으로 사관학교까지 거치며 대령으로 급 승진을 걸친 특이한 경력의 소유자이다. 대통령이라고는 하지만, 2대째의 독재자이다. 2000년부터 대통령직을 맡고 있다.

1982년 시리아 중부에 위치한 하마라는 도시에서 발생한 반란을 진압한다는 명목하에 아사드의 부친인 하페즈 알아사드 대통령은 27일간의 군사작전 통해 시리아 인권단체 추산 20,000~ 40,000명의 사망자를 발생시킨 '하마의 대학살'을 주도하기도 하였다.

아사드에 대해서는, 기존의 밀론 진단평가기준이 아닌 보다 확장된 밀론의 진단평가기준이 사용되었다. 확장된 밀론의 진단평가기준은 위에서 이미 설명한 바 있다. 사이코패시의 유무에 대한 평가기준이 추가된 것이니 만큼, 총 사이코패시 점수가 궁금하지 않을 수 없다. 총 13점으로써, 사이코 패스가 약간 정도만 의심되는 수준이다. 다른 프로필은 1A가 15점으로 지배력은 빈 라덴의 11점 보다 높은 편이었으나 야망은 12점 수준으로 현저한 편이지만 빈 라덴보다 배 이상 낮다. 아사드의 경우에는 6번의 성실성 패턴이 16점으로 가장 높다.

또한 1A항 지배력, 1B항 불굴의의지, 2항 야망 및 6항의 성실성 등이 중등도에서 현저한 수준에 있는 것으로 보아 반사회적 성향은 있지만, 사이코패시로 의심은 되지만 단정짓기에는 좀 모자란 점수이다. 그러나 전반적인 평가에서 그는 책임감이 적고, 입심은 좋은데 말뿐인 편이며, 교활하고 조작적인 행동을 보일 것으로 보이므로, 미래에도 상습적으로 혐오스러운 행위를 보일 것이라고 예측되고 있다고 논문은 밝혔다.

성격분석에 있어서 임상적으로 드러나지 않는(즉, 아주 병적이라고만은 볼 수 없는) 수준의 성격(인격)문제를 찾아내는 것이 검증의 원래의 목적이므로, 펄허스Paulhus(2002)에 의해 소개된 소위 인간의 성격의 "음침한 삼인조 Dark Triad"를 잠시 소개해 본다. 많은 악명 높은 독재자들의 프로파일들이 이에 특성에 해당될 것이라 예측하고 있다. 자기애적 장애Narcissism, 사이코패스psychopathy 그리고 병적으로 권모술수에 능한 성격인 마키아벨리즘Machiavellianism의 세 가지 요소가 포함되는 경우가 많다.

작은 결론

• • • •

진단 검사 대상자로 소개한 사람들이 그다지 평이 좋지 않은 사람들이지만, 독자들이 쉽게 알 수 있는 인물들이기 때문에 인용해 보았다. 그리고 자신들에 대한 직접적인 평가를 회피하고 있는 지도자들에, 그들을 평가할 간접적이지만 유용한 진단 도구가 있다는 것을 널리 알기기 위해서 이런 내용을 첨부한 것이다. 독재자이거나 흉악한 인물이 아니라면 지도자 스스로 이러한 검증을 받았으면 좋겠다는 메시지이기도 하다.

기회가 되면, 한국형 진단평가도구를 개발하여, 한국 정치인들 및 우리나라와 가까운 곳에 위치한 주변의 강대국 지도자들에 대한 분석을 시도해 보고 싶은 심정이다. 물론 대한민국 대통령 후보자들을 가장 먼저 분석해 봐야겠지 않은가? 매번 똑같은 실수를 되풀이해서는 안 된다. 대한민국 차기 대권주자들의 화법과 발언내용을 통해 예측할 수 있는 후보들의 지적수준, 인격/성격 그리고 품성과 지도자적 능력을 반드시 검증해보아야 할 것이다. 그리고 앞서 언급했던 부수적인 다양한 분석 데이터들도 놓쳐서는 안 될 것 같다.

모든 경우를 대비한 이러한 수준의 지도자의 정신검증 절차라면, 충분히 문제되는 지도자를 걸러낼 수 있을 것이며, 국민도 믿고 뽑을 수 있고 신뢰할 수 있는 K-S(Korean-Standard)의 지도자가 탄생할 것이라 기대한다.

닫는 말

말이란 평화를 뜻한다

대한민국의 밝은 미래를 기대해 본다. 훌륭한 국민들 중에서 선출되는 훌륭한 지도자가 있다면 우리의 바깥세상이 어찌되건 대한민국의 미래는 밝을 수밖에는 없다. 또한 잘못된 지도자가 나올까봐 걱정할 필요도 없다.

까다로운 소비자에게 좋은 제품이 가고, 똑똑하고 바른 국민 속에서 바른 지도자가 나온다. 국민의 수준이 지도자의 수준을 결정한다. 마치 좋은 학교의 꼴찌가 못난 학교의 일등보다 나을 수 있고, 서울 노른자 땅의 제일 거지같은 아파트가 후미진 지방의 가장 잘 지은 아파트 값보다 비싼 경우처럼 그렇다. 아파트 값이야 부풀어진 거품이므로 거품이 빠지면 끝장이겠지만 국민이 똑똑해진다는 것은 결코 헛된 거품이 늘어나는 것이 아니고 그만큼 국가의 품격이 높아진다는 의미가 된다.

값이 싸다는 이유로 건강한 먹거리보다 불량식품을 찾고, 값이 좀 싸다고 짝퉁 명품제품을 사는 사람들이 계속 존재한다면 수요가 있는 만큼 공급은 끊이지 않을 것이다. 또한 이러한 재료들로 만들어진 제품들이 겉포장만 그럴듯하게 만들어져 팔린다면, 이것은 국민에 대한 모독이자 국민을 우롱하는 것일 뿐이다.

앞서 밝힌 대로, 특정인의 품성을 완벽하게 파악해 낼 수는 없겠지만, 정밀한 진단용 의료 기계가 초기 단계의 암을 찾아내듯이, 국민의 빈틈없고 날카로운 눈이 이 글에서 소개해 드린 보다 객관적이고 진보적이며 전문적인 판단기준과 손을 잡는다면 판단의 착오를 최소한으로 줄일 수 있을 것이라 믿는다.

앞서 보았듯이 인간에게 있어서 말이 갖고 있는 힘은 엄청나다. 학교나 회사의 면접시험도 말을 시켜보지, 관상만 보고 끝내지 않는다. 인간과 짐승의 가장 큰 차이점은 말을 한다는 것이다. 말 이외의 여러 가지 판단기준으로 이루어진 다양한 자료를 검토해 보더라도 특정인의 언어가 그 사람에 대하여 가장 잘 말해준다는 것이 사실인 듯하다.

나를 따르라는 말 한마디에 조직이 움직이며, 사기꾼의 말 한마디에 수만 명이 평생 모아온 전 재산을 한순간에 잃기도 한다. 말을 하는 데 중요한 역할을 하는 혀가 화를 불러일으키는 세 치 혀三寸舌로 폄하되기도 하는데, 우리 몸에 비해 아주 작은 세 치 혀가 우리 몸을 망칠 수도 있다는 염려에서 나온 의미일 것이다. 세 치 혀가 잘못되면 자신의 몸만 망치는 것이 아니라 혀의 주인이 포함된 공동운명체의 구성원 모두에게 화를 불러일으킬 수 있는 것이다. 하지만 이것은 혀가 일으킬 수 있는 실수를 언급한 것이지, 작은 혀 하나가 갖는 엄청난 능력을 간과하고 있는 것이다. 거꾸로 생각해 보면 수십만 톤짜리 산더미만한 유조선의 방향을 겨우 수백 킬로그램에 불과한 방향키가 좌지우지한다는 것을 우리는 잘 알고 있다. 잘되건 잘못되건 작은 혀가 세상을 움직일 수도 있다는 뜻이다.

인간이 이 세상에 존재하기 이전에 이미 말이라는 것이 있었을지도 모른다. 마치 커다란 프로그램 전체가 단 한 개의 명령어로 시작되는 것처럼, 누군가가 명령어를 집어넣고 엔터 키를 눌렀으리라. 이 세상의 태초의 첫 순간부터 시작해서 마지막 순간까지의 시간의 도미노의 시작과 끝은 단 한마디의 명령어에 의해 시작되었고 영원히 멈추게 되리라.

이 세상의 생물체 중에서 단순한 소리, 즉 발성음發聲音이 아닌 진짜 말을 하는 것은 우리 인간뿐일 것이다. 동물들도 소리나 몸짓을 통하여 집단을 이끈다. 자신과 같은 인간은 동물보다는 조금 더 나아야 한다. 자신과 같은 인간들조차도 이끌지 못하면서 어찌 인간 이외의 온갖 동물들과 모든 생명체들과 방대한 자연을 다스리겠는가? 위대한 자연은 창조주의 작품이고 우리가 만들지 않았으므로 우리가 다스릴 수 없다고 핑계를 대도 좋을 것이다. 그러나 인간은 인간 스스로 발명하고 발달시킨 인간의 창조물인 인공지능보다는 나은 측면이 있어야 한다.

4차 산업혁명이 인간이 인공지능을 지배하는 것이 아닌, 인공지능에 의해 인간이 지배되는 사건이 될 것이라면, 인간이 기계를 리드하는 것이 아니라면, 차라리 4차 산업혁명이라는 글자를 기계들만이 알아볼 수 있도록 기계들이 사용하는 기계어인 '100011 00011 01000 00000 00001 000100'이라고 쓰라.

1장에서도 밝혔듯이 인간보다 못한 로봇을 지도자로 삼는 것은, 로봇보다 못한 유권자나 할 행위일 것이다. 마치 창조적이지 못하고 자기의지가 없는 기계처럼 매번 단순반복 작업마냥 똑같은 방식과 투표행위를 계속하는 한 유권자들은 매번 똑같은 실수를 하게 될 것이다. 기계도 진화하는데, 국민은 그대로라면 그것은 문제다.

거듭 말하지만, 똑똑한 소비자에게 좋은 제품이 가고, 똑똑하고 바른 국민 속에서 바른 지도자가 나온다. 국민의 수준이 지도자를 결정한다고 본다. 국민이 진화하면 지도자도 따라서 진화한다. 퇴행이 아닌 진화의 길을 걷는다면 대한민국의 미래는 밝다고 본다.

이 글은 지도자의 리더십과 지도자의 화법을 담고 있다. 지도자의 '헤게모니'와 '로고스'에 대한 글이다. 끝으로 말과 리더십의 정의에 대한 결론을 '로고스'와 '헤게모니'로 내려 보려고 한다.

'헤게머니', '헤게모니'를 우리말로 알고 계시는 분들도 계셨을 것이다. 혹은 우리말과 영어의 합성어로 보는 분들도 계실 것이다. '헤개 + Money'로 말이다. '헤게모니를 잡는다.'는 것은 대단한 이권을 잡고 좌우한다는 것을 말한다. 헤게모니는 주도권이라는 의미로 통상 사용된다.

"이게 모니?"의 친척뻘 되는 단어이다. '회계머니, 즉, 회계가 맡는 돈Money'일지도 모른다. 한국의 시장 길바닥에서 계란을 팔던 아주머니의 계란을 밟은 외국인 관광객이 아주머니의 "에그 머니"란 외침을 듣고는 곧바로 돈으로 물어주었다는 일화로 유명한 '에그 머니egg money'도 있다. 그런 에그를 수입하게 되었으니, 당분간 에그머니의 가치도 무척 치솟게 될 듯하다.

헤게모니Hegemony는 '헤게모니아ἡγεμονία'라는 그리스어에서 왔다. 지배, 권위, 통치권, 치세治世의 뜻을 지니고 있다. 그 어원은 "리더십, 길을 인도하다, 먼저 나아가다"이다.

'헤게모니'는 고대 그리스 시대에 도시국가 형태를 이루고 살았던 에게해Aegean Sea 주변의 여러 도시국가들 중에서 특별히 정치-군사적 지배력을 확보하여 여러 도시국가들을 이끌어가는 대표 도시를 의미하는 말이다. 여러 도시 중에서 지배권을 갖는 도시국가를 헤게몬hegemon이라 불렀다. 고대 그리스의 도시국가였던 테베Thebes(기원전 371~362)는 문화제국주의cultural imperialism적 측면에서 볼 때에 다른 그리스의 도시국가들을 지배하는 헤게몬hegemon이었다고 한다.

19세기 이후에 와서는 '헤게모니'는 '어느 특정 집단의 사회 혹은 사회적환경milieu에 대한 사회적, 문화적 우위 혹은 영향력'을 의미하게 되었다. 이후, 그 뜻은, '사회에 대하여 과도한 영향력을 행사하는 특정집단'을 지칭하는 비판적인 용어로 사용되기도 하였다.

고대의 도시국가에서 유래된 용어이므로, 현대 사회에서는 다른 주변국들에까지 지배력을 행사하려는 강대국이 상대국의 지정학적, 문화적 지배력을 차지하려는 행위라던지, 서유럽의 강대국들의 아시아와 아프리카에 대한 영향력(서구의 제국주의 역사 자체가 헤게모니의 싸움이다)을 의미하기도 한다. 하지만 서구의 제국주의도 사막의 엄청난 모래바람처럼 전 세계를 순식간에 복속服屬시켰던 아라비아의 제국주의를 그대로 모방한 것일 수도 있으며, 앞서의 방어기제에서 소개되었던 공격자와의 동일시identification with the aggressor에 해당된다.

문화적 헤게모니에 대한 막시즘marxism적 이론에 따르면, 헤게모니라는 지배층이 사회의 가치체계(가치개념)와 관습을 조작함으로써, 지배층의 견해가 마치 모두의 보편적 견해인양 바뀌어 보이게 하는 '벨트안샤웅Weltanschauung, worldview(세계관)'이라고도 한다. 또한 헤게모니는 '권력을 잡은 정권이 그 피지배계층으로 부터 그들을 지배할 권리에 대한 동의를 이겨 쟁취하는 것'이라고 말한다.

지도자들은 거짓말을 하지 말아야 할 것이며, 국민들은 스스로의 눈을 스스로 손으로 고의적로 가리고 지도자의 거짓말에 호응하지 말아야 할 것이다(눈 가리고 아웅). 민주주의 국가에서 지도자가 되는 것은 헤게모니의 싸움이긴 하지만, 분명히 국민의 동의하에 이루어진다(잘못되면 공범이라는 뜻이다). 그리고 정치란 서로 잘났으니 서로가 헤게모니를 잡겠다는 싸움 맞다. 단, 이러한 싸움이 생산적인 것이냐? 소모적이냐에 따라 국가의 미래는 크게 영향을 받게 된다.

말은, 로고스이다. 진실眞實, truth된 말을 할 때에 사용되는 개념 세 가지가 있다. Truth라는 단어 또한 '어떤 기준에 상호간에 동의하다'라는 의미를 가지고 있으며, 나무tree가 그 어원이다.

그 세 가지는 다음과 같다. 양심, 감정 그리고 논리의 언어이다.

에토스'iθουs는 인간의 비지성적非知性的부분들 중에서 반복적 습관에 의해 지성적知性的 부분으로 변해가는 감정적感情的능력을 말한다. 이해하기 어려운 말 같지만, 다시 말해서 인간의 윤리적 성상性狀이란 뜻이다. 더 쉽게 말해 윤리 혹은 도덕을 말한다. 윤리학을 영어로 'ethics'라 하는 것을 보면 바로 이해가 갈 것이다. 특정 집단, 사회의 기풍氣風을 뜻하는 영어 'ethos'도 비교적 자주 접하게 되는 단어이다.

파토스πάθος는 청중聽衆의 감성에 호소하는 것을 말한다. 파토스는 수사학, 문학, 영화 그리고 서사적 예술장르에서 의사소통을 위해 사용하는 기교이다. 우리는 페이소스pathos라는 영어 발음에 더 익숙해 있다. 영어의 empathy(공감, 감정이입), sympathy(동정, 연민),

telepathy(감응, 텔레파시)라는 단어에 모두 pathy가 들어있다. 이 path는 길이요, 여기서 파생된 단어인 pass도 길이다. 상대방에게 감동을 주지 못한다면, 말의 길, 즉 소통의 길은 결코 열리지 않는다는 것을 의미하는지도 모른다.

로고스λόγος는 레고λέγω에서 파생되었으며, '말을 하다'라는 뜻이다. 흥미롭게도 덴마크의 유명한 플라스틱 조립식 블록 완구의 이름이 레고이다. 서양에서는 상당히 중요한 비중을 가진 단어로, 철학, 심리학, 수사학 그리고 종교학 등등에서 사용된다. 말, 의견, 단어, 담화談話등의 다양한 의미로 해석된다. 논리論理, logics라는 단어도 로고스에서 나왔다. 하지만, logos의 어원에는 또 다른 숨은 의미가 있다. '말을 통하여 결론을 내다speaking to a conclusion' 혹은 '문제를 진정시키다settle down a matter'라는 의미이다. 결론적으로, '말은 문제를 해결하는 도구'라는 것이다.

그리면 '헤게모니'와 '로고스'가 서로 만나면 어떤 것이 발생할 것인가? 다툼이 될 것인가? 아니면 평화로움이 올 것인가? 예측하셨듯이 평화, 즉 peace이다. 하지만, peace는 평화 말고도, '서로 뜻이 맞고 정답다'는 화목和睦의 의미를 가지고 있다. Peace는 fellowship(유대감)과도 상통한다. Peace의 어원은 약속, 계약, 동의를 뜻하는 고대 라틴어 팍튬pactum이다. Pactum의 더 오래된 어원은 산스크리트Sanskrit 혹은 고대이란어Avestan의 pasa 혹은 pas에서 왔으며, 그 뜻은 밧줄 혹은 묶는다는 뜻이다. 로마에 의한 세계의 평화를 의미하는 '팍스로마나Pax Romana'라는 표현도 자주 보셨을 것이며, 태평양의 영어표현인 퍼시픽 오션Pacific Ocean도 자주 들어보셨을 것이다. 우리 정서로 보자면 태평성대太平聖代라는 표현이 더 알

맞을 듯 하다.

우리는 국민 각자는, 밧줄의 한쪽을 붙잡고 규칙을 준수하며 서로간의 약속에 따라 서로의 유대감을 발휘하여 국가의 평화를 지키는 큰 화해和解와 화합和合의 마당에 서 있는 것과 마찬가지이다. 즉, 줄다리기 시합tug of war이긴 하지만, 내가 더 잘했다, 네가 더 잘했다 식의 승자와 패자를 가려내야하는 그런 졸렬한 싸움이 아니라, 비록 양쪽 반대편에 섰을지언정, 모두가 승자가 되는 서로간의

팽팽한 줄다리기기의 결과로 밧줄이 양측의 정 중앙에 정확하게 위치하게 되는 균형과 협치協治의 줄다리기가 되어야 할 것이다.

줄다리기의 균형은 어찌 보면 범선의 돛을 펴는 과정과 유사하다.

돛이 제대로 펴지지 않고 한쪽으로 찌그러들면, 배는 꼼짝달싹도 못하고 그저 이리저리 파도에 몸을 맡겨야만 한다. 필요할 때에 멋지고 팽팽하게 돛이 펴져야 원하는 방향으로 순항할 수 있을 것이다.

대한민국의 순항을 기대한다.

| 더 알찬 지식 바로가기 |

여는 말

1. 인사청문회

청문회, 한국민족문화대백과사전.
(디렉토리분류> 분야> 정치·법제> 정치> 청문회)
encykorea.aks.ac.kr

2. 확립된 자들(Established)

Ha-Joon Chang, *Kicking Away the Ladder 2004: Development Strategy in Historical Perspective 1st Edition London*, Anthem Press, 2004.

3. 유리천장(glass ceiling)

Ann M. Morrison, Randall P. White, Ellen Van Velsor and the Center for Creative Leadership, Breaking the Glass Ceiling: CAN WOMEN REACH THE TOP OF AMERICA'S LARGEST CORPORATIONS?, Addison Wesley Publishing Company, 1987.

4. 레알폴리틱(Realpolitik)

Bew, John, Realpolitik: A History, Oxford university press, 2016.

5. 《군주론(君主論, Il Principe)》

니콜로 마키아벨리 지음, 신동준 옮김, 《마키아벨리 군주론: 정치적 이상과 현실을 어떻게 조화시킬 것인가?》, 인간사랑, 2014.

1장

1. 사마천(司馬遷)
   사마천 지음, 김원중 옮김, 《사기본기》, 민음사, 2010.

2. 이차돈
   일연, 김원중 옮김, 《삼국유사》, 민음사, 2008.

3. 천녀(賤女)
   권기경 지음, 김형연 그림, 《김유신과 천관녀》, 한솔수북, 2007.

4. 헌법 제1조
   대한민국헌법, 국가법령정보센터.
   (법령〉 본문〉 대한민국헌법)
   www.korealaw.go.kr

5. 조기 부모 상실에 따른 장기적 영향
   Jackie Ellis, Chris Dowrick, and Mari Lloyd-Williams, The long-term impact of early parental death: lessons from a narrative study, J R Soc Med.(왕립 사회의학 저널), 2013 Feb.

6. VC-54 대통령 전용기
   역사의 현장, '박정희 대통령 전용기 대공개', 사천항공우주박물관 야외 전시장에 전시 '내부는 근현대사 박물관', 글로벌디펜스뉴스.
   www.gdnews.kr

7. 미국이 정신질환자를 대통령으로 뽑을 가능성
   Alex Thompson, Could America Elect a Mentally Ill President? Yes. In fact, we probably already did, History Department, Politico Magazine, November/December 2015.

8. 저먼윙스(German Wings)
   "독일 여객기, 의도적 추락"... '자살비행' 추측, 오마이뉴스.
   www.ohmynews.com

9. 〈Wag the Dog〉

1997년 제작된 미국 영화. Baltimore Pictures, TriBeCa Productions에서 제작하고 Barry Levinso가 감독을 맡았다. 위키피디아(en.wikipedia.org) 참조.

10. 《전투감각(Feel for Combat)》

서경석, 《전투감각(Feel for Combat)》, 샘터사, 1991.

11. 울었다

Piper McGowin, Hillary's Real Reaction at Losing? Up All Night Crying Uncontrollably and Blaming Obama and James Comey Like a Sore Loser, The Daily heeple, Sunday, March 5th, 2017.

12. 〈오바마 대통령의 유산(The Legacy of Barack Obama)〉

CNN 특별 방송. CNN Special Report: The Legacy of Barack Obama, CNN. edition.cnn.com

13. Do Nothing

Paul Ryan's Right: Obama Is a Do Nothing President, U.S.뉴스. www.usnews.com

2장

1. 체스리 설렌버거(Chesley Sullenberger)

Chesley B., III Sullenberger, Jeffrey Zaslow, Highest Duty: My Search for What Really Matters, William Morrow, 2010.

2. 1549편

US 항공사의 항공편 1549(Flight 1549) 청문회

Aviation Hearing on Landing of Flight 1549 in Hudson, NYTimes.com, 2009.06.10. www.nytimes.com

3. 국외

국외에서 평가된 한국의 세월호 사고의 실상

Thomas Jun, Two Contrasting Views of the South Korea Ferry Accident, 2015. 7. 12.

4. backwards production

Paresh Chattopadhyay, Marx's Associated Mode of Production: A Critique of Marxism, Palgrave Macmillan US, 2016.

5. 광성보

고종실록 8권 고종 8년 4월 24일 계미, 국사편찬위원회 조선왕조실록.
sillok.history.go.kr

6. 광성보 전투

미국인이 본 광성보 전투
Cpl. Gadway USMC, The Korean Expedition 1871, 2013.08.06.

7. 어재연

광성보 전투: 제국주의 침략에 맞선 장렬한 항전, 국립중앙도서관 디지털 컬렉션.
(디지털 서고〉 한국의시대별전쟁사〉 조선의 전쟁이야기)
dcollection.nl.go.kr

8. 어재순

어재순, 한국민족문화대백과사전.
(디렉토리분류〉 유형〉 인물〉 아〉 어재순)
encykorea.aks.ac.kr

9. 나폴레옹

Philip Dwyer(Editor); The French Revolution and Napoleon: A Sourcebook Paperback, p. 153, 2002.

10. 피선거권

선거법령정보, m.1390.go.kr/lawmobile/laws

11. 불혹(不惑)

논어집주상설(論語集註詳說)
성균관대학교 존경각 한국경학자료 시스템

12. 약관(弱冠)

예기(禮記) 곡례편(曲禮篇) 약관(弱冠)

한국예탁결제원, 《증권예탁결제제도》, 2014

3장

1. 미국의 초대에서부터 37대까지의 대통령(1789~1974)의 정신 상태

• Davidson JR1, Connor KM, Swartz M., Study: Mental illness in U.S. Presidents between 1776 and 1974: a review of biographical sources, The Journal of Nervous and Mental Disease, 2006 Jan;194(1):47-51.

• Half of All Presidents Suffered from Mental Illness, Research to consider when evaluating this year's field of candidates, 2016.

www.psychologytoday.com

2. 마판 증후군(Marfan's Syndrome)

Dr. Harold Schwartz, on Lincoln and the Marfan Syndrome, 1959.

www.furman.edu

3. 자폐증(아스퍼거스 증후군)

Ray Locker, USA TODAY, Pentagon 2008 study claims Putin has Asperger's syndrome. By, 2015.02.04.

www.usatoday.com

4. 방어기제(Defense Mechanism)

Kaplan and Sadok's, Synopsis of Psychiatry 11th Edition, Lippincott Williams & Wilkins, pp.161~162, 2014.

5. 로널드 레이건

레이건 암살미수 사건

Reagan Wounded In Chest By Gunman; Outlook 'Good' After 2-Hour Surgery; Aide And 2 Guards Shot; Suspect Held, 1981.03.31, New York Times.

www.nytimes.com/learning/general/onthisday/big/0330.html

6. 조지 부시(George Walker Bush)
조지 부시, 미국 역사상 지능이 가장 낮은 대통령
Ranking the Least Intelligent Presidents in U.S. History, InsideGov
www.insidegov.com

7. DSM-Ⅳ(Diagnostic and Statistical Manual-Ⅳ)
sm.psychiatryonline.org/doi/abs/10.1176/appi.books.9780890420249.dsm-iv-tr

8. 죠 크래븐 메긴티(Jo Craven Mcginty)
칼럼니스트.
Jo Craven McGinty, The Wall Street Journal, What Speech Patterns Say About the Presidential Candidates. Debate discourse provides glimpse of hopefuls' outlook and demeanor; analytical vs. anecdotal, 2016.04.01.

9. 다니엘레 트레비사니(Daniele Trevisani)
Daniele Trevisani, Semiotics for Leaders: The Exa-Leadership Model for Leadership and Human Potential Development, Medialab Research Publishing, Ferrara, 2015.

10. 거대-지도력 모델
다니엘레 트레비사니(Daniele Trevisani)의 HPM 모델,
Human Factor, Human Potential, Communication Research, The 6 Dimensions of Performance. Where our Energies come from.
dantrevisani.wordpress.com

11. 《공학이란 무엇인가》
성풍현 외 카이스트 교수 18명, 《공학이란 무엇인가》, 살림, 147~148쪽, 2013.

12. 딘 하트리(Dean Hartley)와 켄 좁슨(Ken Jobson)
Psychological profiling of world leaders(세계 지도자들에 대한 심리학적 프로파일링), informs.
(ORMS-Today〉 Past Issues〉 2014〉 Psychological profiling of world leaders)
www.informs.org

더하는 자료

1. 다면적인성검사(MMPI)
   Kaplan and Sadok's, Synopsis of Psychiatry 11th Edition, Lippincott Williams & Wilkins, p.245, 2014.

2. 간이정신상태검사(MMSE-K)
   Kaplan and Sadok's, Synopsis of Psychiatry 11th Edition, Lippincott Williams & Wilkins, p.201, 2014.

3. 문장완성검사(SCT)
   Kaplan and Sadok's, Synopsis of Psychiatry 11th Edition, Lippincott Williams & Wilkins, p.250, 2014.

4. Beck 우울 척도(BDI)
   Kaplan and Sadok's, Synopsis of Psychiatry 11th Edition, Lippincott Williams & Wilkins, p.231, 2014.

5. 로르샤흐 검사(Rorschach Test)
   Kaplan and Sadok's, Synopsis of Psychiatry 11th Edition, Lippincott Williams & Wilkins, pp.249~250, 2014.

6. 지능검사(IQ Test)
   Kaplan and Sadok's, Synopsis of Psychiatry 11th Edition, Lippincott Williams & Wilkins, pp.1116~1117, 2014.

7. 벤더-게슈탈트 검사(BGT)
   Kaplan and Sadok's, Synopsis of Psychiatry 11th Edition, Lippincott Williams & Wilkins, p.1129, 2014.

8. 점수를 배정하는 방법
   밀론 진단검사도구의 배점 방법
   Millon Inventory of Diagnostic Criteria: Scales and gradations(Immelman 2004).
   https://www.researchgate.net/search

9. 오사마 빈 라덴

오사마 빈 라덴의 성격 프로파일

Aubrey Immelman, The Personality Profile of al-Qaida Leader Osama bin Laden. St. John's University / College of St. Benedict, 7-2002.

10. 시리아 대통령 알 아사드

바샤르 알 아사드의 성격 프로파일

S. Boureghda (University of Antwerp), Prof. Dr. A. Van Hiel (University Ghent), Prof. Dr. C. De Landtsheer (University of Antwerp), Syria's Arab Spring and the Public Personality of its President: The psychological profile and psychopathic traits of Bashar al-Assad, 2012.